ALL-AMERICAN
WORDSEARCH
PUZZLES

ALL-AMERICAN
WORDSEARCH
PUZZLES

Over 100 Puzzles!

SIRIUS

With thanks for additional materials provided by Rebecca Razo

SIRIUS

This edition published in 2024 by Sirius Publishing, a division of
Arcturus Publishing Limited,
26/27 Bickels Yard, 151–153 Bermondsey Street,
London SE1 3HA

ISBN: 978-1-3988-4499-5
AD012085US

Printed in China

Discover America from Sea to Shining Sea

At just shy of 250 years old, the United States as a country is still comparatively young on the world stage. When America's forefathers signed the Declaration of Independence on July 4, 1776, they not only secured the formation of a new independent government free from British rule, but they also underwrote what would ultimately become a lasting invocation of the American Dream:

"...that all men are created equal, that they are endowed...with certain unalienable Rights, that among these are Life, Liberty and the pursuit of Happiness."

Indeed, from innovations in science and technology to the origination of groundbreaking music and fusion cuisines, these words have been at the heart of every ambition, invention, and advancement since the nation's founding, thanks to the contributions of its diverse inhabitants. Ultimately, America comprises, in one nation, all that is wonderful from around the world, which is why it is known, befittingly, as the Great Melting Pot.

In addition to its magnificent melding of peoples, arts, and cultures, America is inimitable for the myriad landscapes, waterways, and topographies that make up its fifty unique states over 3.7 million square miles of landmass. From the tropics to the Arctic, beaches to mountains, deserts to plains, and all that lies between, America's breathtaking natural beauty is as diverse and wonderful as its lively neighborhoods, districts, boroughs, townships, wards, and communities—from sea to shining sea.

Whether you're intrigued by America's history and culture or its impact on modern society, you will learn about all these topics and more through more than 100 fun and educational wordsearch puzzles. Your task is to find the hidden words running backward and forward, up and down, or diagonally in both directions. In some puzzles, only the underlined words need to be found.

This book of wordsearch puzzles is your personal tour guide as you explore American symbols and structures of government, as well as iconic figures, pop culture, trends, slang, foods, and regional characteristics and idiosyncrasies. Pay visits to dynamic neighborhoods and vibrant cities, while uncovering words related to songs, artists, musicians, writers, performers—and all things Americana.

Ready to get started? Sharpen your pencil and prepare to be entertained while you explore America through this wordsearch adventure!

The Great American Novel

```
R F W Y N R A J L L E B Y L T
R A B B I T R U N G N F G K S
S O W S T S C T E L R A C S L
B E C T M O B Y D I C K C M D
Z A W A K E N I N G F A E W E
F D N G I W B C V H G R W O I
A N V A R S A E H T I R I U R
R I B A R T S R L D U N P T R
E W T U C J F E I O F A D S A
W H O H F Y O A D I V Y V I C
E H E F W U N Y N N I E Z D M
L R I S E S Z I L N O O D E I
L I T T L E T R G U E L A R R
G E W Y B E Y L L Z C L B S T
M O C K I N G B I R D K U D H
```

◊ A FAREWELL TO ARMS

◊ AS I LAY DYING

◊ THE AWAKENING

◊ THE BELL JAR

◊ BELOVED

◊ BLOOD MERIDIAN

◊ THE CATCHER IN THE RYE

◊ GENTLEMAN PREFER BLONDES

◊ GONE WITH THE WIND

◊ THE GRAPES OF WRATH

◊ THE GREAT GATSBY

◊ THE HOUSE OF MIRTH

◊ INFINITE JEST

◊ THE JOY LUCK CLUB

◊ THE HOURS

◊ LIGHT IN AUGUST

◊ LITTLE WOMEN

◊ MOBY DICK

◊ RABBIT, RUN

◊ THE SCARLET LETTER

◊ THE OUTSIDERS

◊ THE SUN ALSO RISES

◊ THE THINGS THEY CARRIED

◊ TO KILL A MOCKINGBIRD

Magic City

```
I L E N I G H T L I F E O Z U
O C E D T R A B T H C A E B O
W E G H F G W I N B L E S A C
Y I A I I C A G P D A N A A I
N K R M O H V U H L I Y L A P
W K C Y A A N C L L M L B B N
O C I V G T O I R K E A L A H
O R A N U L R A C O M A E B L
D N K T G A M E C L C C L W M
A F T G P N S H A K O L O I A
Z L N S Z T O R B E K B O P Y
E W A O E I O E F L O R I D A
F G L F K C A E S I U R C C I
N I A U N R T T U N O C O C M
B N W G D O L P H I N S H Z I
```

◊ ART DECO

◊ ATLANTIC

◊ BISCAYNE BAY

◊ BLACKBEARD

◊ BURGER KING

◊ CALLE OCHO

◊ COCONUT GROVE

◊ CORAL GABLES

◊ CRUISE SHIP

◊ GLORIA ESTEFAN

◊ FLORIDA

◊ ANDY GARCIA

◊ GASPARILLA

◊ LITTLE HAITI

◊ LITTLE HAVANA

◊ MAYAIMI

◊ MIAMI DOLPHINS

◊ MIAMI MARLINS

◊ NIGHTLIFE

◊ OCEAN DRIVE

◊ ORANGE BOWL

◊ SOUTH BEACH

◊ JULIA TUTTLE

◊ WYNWOOD WALLS

Desert Dreams

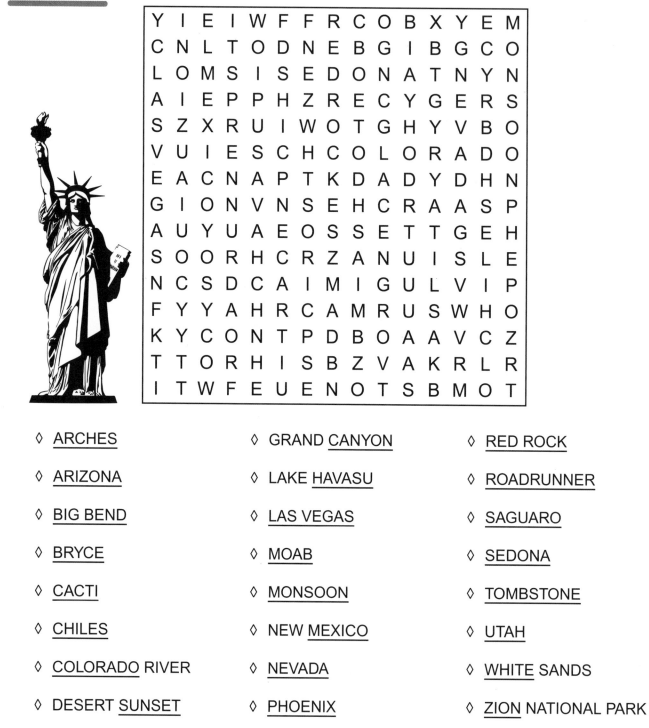

```
Y I E I W F F R C O B X Y E M
C N L T O D N E B G I B G C O
L O M S I S E D O N A T N Y N
A I E P P H Z R E C Y G E R S
S Z X R U I W O T G H Y V B O
V U I E S C H C O L O R A D O
E A C N A P T K D A D Y D H N
G I O N V N S E H C R A A S P
A U Y U A E O S S E T T G E H
S O O R H C R Z A N U I S L E
N C S D C A I M I G U L V I P
F Y Y A H R C A M R U S W H O
K Y C O N T P D B O A A V C Z
T T O R H I S B Z V A K R L R
I T W F E U E N O T S B M O T
```

◊ ARCHES

◊ ARIZONA

◊ BIG BEND

◊ BRYCE

◊ CACTI

◊ CHILES

◊ COLORADO RIVER

◊ DESERT SUNSET

◊ GRAND CANYON

◊ LAKE HAVASU

◊ LAS VEGAS

◊ MOAB

◊ MONSOON

◊ NEW MEXICO

◊ NEVADA

◊ PHOENIX

◊ RED ROCK

◊ ROADRUNNER

◊ SAGUARO

◊ SEDONA

◊ TOMBSTONE

◊ UTAH

◊ WHITE SANDS

◊ ZION NATIONAL PARK

The District

```
W  T  A  L  Y  S  P  B  E  G  N  I  K  V  K
Y  L  I  I  I  A  O  O  U  N  U  D  M  E  E
R  E  N  N  U  N  G  L  T  I  N  N  T  T  N
U  A  E  N  P  C  A  D  O  L  O  U  E  N
S  E  V  F  T  O  A  O  I  I  M  D  C  R  E
A  S  L  E  O  A  I  S  L  B  E  A  I  A  D
E  O  Y  I  S  R  G  T  U  N  M  R  C  N  Y
R  O  S  S  Y  U  D  R  U  P  O  U  E  S  G
T  R  N  B  E  R  O  S  E  T  R  N  L  T  G
N  O  N  R  E  V  E  H  K  T  I  E  S  O  C
Z  Y  E  O  C  B  I  T  E  Z  A  T  M  L  C
K  O  P  E  K  M  N  H  E  T  L  W  S  E  U
E  M  A  L  F  M  I  V  C  M  I  F  V  N  L
C  O  N  G  R  E  S  S  F  R  E  H  I  H  I
M  C  Z  H  I  L  O  T  I  P  A  C  W  C  C
```

◊ ARLINGTON NATIONAL CEMETERY

◊ DISTRICT OF COLUMBIA

◊ ETERNAL FLAME

◊ EXECUTIVE OFFICE BUILDING

◊ FORD'S THEATER

◊ KENNEDY CENTER

◊ LIBRARY OF CONGRESS

◊ LINCOLN MEMORIAL

◊ MARTIN LUTHER KING JR. MEMORIAL

◊ MOUNT VERNON

◊ NATIONAL ARCHIVES

◊ PENNSYLVANIA AVENUE

◊ POTOMAC RIVER

◊ ROOSEVELT MEMORIAL

◊ SMITHSONIAN INSTITUTION

◊ SUPREME COURT

◊ THOMAS JEFFERSON MEMORIAL

◊ TOMB OF THE UNKNOWN SOLDIER

◊ TREASURY BUILDING

◊ UNITED STATES CAPITOL

◊ VIETNAM VETERANS' MEMORIAL

◊ WATERGATE BUILDING

◊ WHITE HOUSE

The 1920s-30s

```
B R L Y S U F F R A G E V H I
O E W F E Y K N Y E A J A Z Z
O V O W L B R E O R K R N C V
T O B Y L A K D H C L A F T N
L O T Y A C P A A E E B B A E
E H S R I W R P M A A D S Z W
G L U M W T O C E U G F T W D
G D D K B N O L H R R P A R E
E O W P E L O A L L S N C F A
R B A B E R U T H A A M P T L
N D R M A S P Z I P C C E N K
Y P A Y L N O S L O J R H E S
Y N O I S S E R P E D A W L C
S T T A L K I E S F P S N I W
I H G R E B D N I L T H G S L
```

◊ ART DECO

◊ BABE RUTH

◊ JOSEPHINE BAKER

◊ BAUHAUS

◊ BOOTLEGGER

◊ CAB CALLOWAY

◊ AL CAPONE

◊ BESSIE COLEMAN

◊ DUST BOWL

◊ AMELIA EARHART

◊ FLAPPERS

◊ GREAT DEPRESSION

◊ HARLEM RENAISSANCE

◊ HEPCAT

◊ HERBERT HOOVER

◊ JAZZ MUSIC

◊ AL JOLSON

◊ CHARLES LINDBERGH

◊ MICKEY MOUSE

◊ SILENT FILMS

◊ STOCK MARKET CRASH

◊ SUFFRAGE MOVEMENT

◊ TALKIES

◊ THE NEW DEAL

Legendary Hollywood Men

```
Y T N H C S L N M V W O K C N
I R A D Z I E A M G Z A E K K
H A E Y C T B M W N F G Y G V
E G D C T R A W E T S L V N P
Y O D E H U N E L S A R A O E
B B T L V C U N L F L E S T H
R F S E M Q O Y E E Y P T S F
D Y C O C H U D S O N O A E M
T T L M R G B P N I L O I H D
K F K L G C F Z E A V C R C H
K T I A E O U I G C R A E N O
N F B L N K L K Y I K B D G L
M L O D C G L D U R A N T E D
E M A R D O U G L A S D W R E
V D W K D O G I S F G G N E N
```

- ◊ FRED ASTAIRE
- ◊ HUMPHREY BOGART
- ◊ MARLON BRANDO
- ◊ MONTGOMERY CLIFT
- ◊ GARY COOPER
- ◊ BING CROSBY
- ◊ TONY CURTIS
- ◊ SAMMY DAVIS JR.

- ◊ JAMES DEAN
- ◊ KIRK DOUGLAS
- ◊ JIMMY DURANTE
- ◊ HENRY FONDA
- ◊ GLENN FORD
- ◊ CLARK GABLE
- ◊ CHARLTON HESTON
- ◊ WILLIAM HOLDEN

- ◊ ROCK HUDSON
- ◊ GENE KELLY
- ◊ STEVE MCQUEEN
- ◊ PAUL NEWMAN
- ◊ GREGORY PECK
- ◊ JIMMY STEWART
- ◊ JOHN WAYNE
- ◊ ORSON WELLES

Science and Industry

```
A Y O S W W D D N A G A S K C
N M O P P E N H E I M E R N A
I J O H N S O N N A L Y V A R
E D D N B P M O R L O Y B I S
T N R H P W S G A B B A L L O
S F L E L K U H S P F M S U N
N A R U C L G R E N R A W J G
I U C A I W O N H U B B L E K
E C J S R N O S I M E J F A F
H I R T V H I E R L W V I H F
A S A L K W O L E K U N S R T
L J E F F E R S O N Z A S H D
M C N A I R V O Z O D W P Z T
D O M M G T Y M W W Z L M Z T
E S S I R D N A W A T S O N Z
```

◇ HAROLD AMOS

◇ STANLEY ANDRISSE

◇ ALICE BALL

◇ RACHEL CARSON

◇ ALBERT EINSTEIN

◇ ANTHONY FAUCI

◇ LLOYD HALL

◇ GRACE HOPPER

◇ EDWIN POWELL HUBBLE

◇ MARY JACKSON

◇ ROLAND JEFFERSON

◇ MAE C. JEMISON

◇ KATHERINE JOHNSON

◇ PERCY LAVON JULIAN

◇ STEPHANIE KWOLEK

◇ LYNN MARGULIS

◇ RONALD MCNAIR

◇ J. ROBERT OPPENHEIMER

◇ LINUS PAULING

◇ CARL SAGAN

◇ JONAS SALK

◇ ISIAH WARNER

◇ JAMES WATSON

◇ STEVE WOZNIAK

Marvel Multiverse

```
H S H U B E C I A K L L U K S
T O P Z Y P Y C K G T G C D U
A T O O R G I E E O V H W I L
B T E W L R G R K E L F O I W
O T T B E C E Z Y W O T V R O
M D H M N H Y E C N A E N N I
I E A A T A S C T M D H I M N
N A G N N L M O R E S C O S A
A D A A L O P R R H K O D U M
T P Z U C K S A E F D C U R N
I O B L C E D W U D B L O B O
O O W A U O K R T A I T S R R
N L J V V B Y U P P S P K W I
F H E N I R E V L O W I S V P
M O N E V G A M O R A A E L N
```

◊ ABOMINATION	◊ GAMORA	◊ RED SKULL
◊ BLACK PANTHER	◊ GROOT	◊ ROCKET
◊ BULLSEYE	◊ HAWKEYE	◊ SPIDER-MAN
◊ CAPTAIN AMERICA	◊ IRON MAN	◊ STORM
◊ CYCLOPS	◊ JACKPOT	◊ THANOS
◊ DAREDEVIL	◊ LOKI	◊ THOR
◊ DEADPOOL	◊ LUKE CAGE	◊ VENOM
◊ DOCTOR DOOM	◊ NICK FURY	◊ WOLVERINE

Flower Power

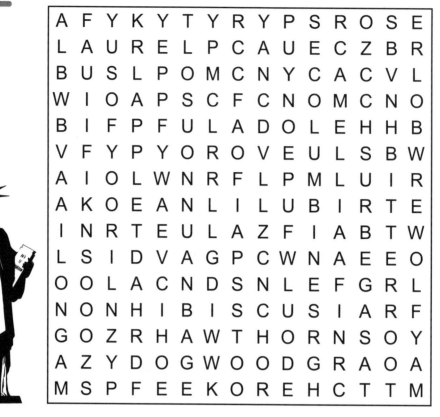

```
A F Y K Y T Y R Y P S R O S E
L A U R E L P C A U E C Z B R
B U S L P O M C N Y C A C V L
W I O A P S C F C N O M C N O
B I F P F U L A D O L E H H B
V F Y P Y O R O V E U L S B W
A I O L W N R F L P M L U I R
A K O E A N L I L U B I R T E
I N R T E U L A Z F I A B T W
L S I D V A G P C W N A E E O
O O L A C N D S N L E F G R L
N O N H I B I S C U S I A R F
G O Z R H A W T H O R N S O Y
A Z Y D O G W O O D G R A O A
M S P F E E K O R E H C T T M
```

◊ APPLE BLOSSOM

◊ BITTERROOT

◊ CAMELLIA

◊ CHEROKEE ROSE

◊ COLUMBINE

◊ DOGWOOD

◊ GOLDENROD

◊ HAWTHORN

◊ MAGNOLIA

◊ MAYFLOWER

◊ MOUNTAIN LAUREL

◊ ORANGE BLOSSOM

◊ PEACH BLOSSOM

◊ PEONY

◊ POPPY

◊ PURPLE LILAC

◊ RED CARNATION

◊ SAGEBRUSH

◊ SUNFLOWER

◊ SYRINGA

◊ VIOLET

◊ WILD PRAIRIE ROSE

◊ YELLOW HIBISCUS

◊ YUCCA FLOWER

America's Favorite Children's Books

```
G E E G N I V I G E H V R E C
P L A S H T T L I T T L E L W
E T H O E S U Z E E B F P K V
D R L A V T H I N G S N R N L
E E B N M Y T S O C O O K I E
S Y T U O U E O S U Y T M R R
P U T N N O D I L L O R N W A
E G P M W N M H R R F O E S B
R N K E I I Y L A I A H N S B
E I V G R Y N Y W R A H H M I
A H H E T F P N Z O R R C A T
U T V K H P U A I B O I P N T
X O A F U H B D H E U M E P C
W N B P L I O V G G D P F T K
B A I L E D E B T E N E E R G
```

◊ A <u>WRINKLE</u> IN TIME

◊ AMELIA <u>BEDELIA</u>

◊ <u>BEEZUS</u> AND RAMONA

◊ THE CAT IN THE <u>HAT</u>

◊ <u>CHARLOTTE'S</u> WEB

◊ THE <u>GIVING</u> TREE

◊ <u>GOODNIGHT</u> MOON

◊ <u>GREEN</u> EGGS AND HAM

◊ <u>HARRIET</u> THE SPY

◊ <u>HOLES</u>

◊ <u>HORTON</u> HEARS A WHO!

◊ IF YOU GIVE A MOUSE A <u>COOKIE</u>

◊ LITTLE HOUSE ON THE <u>PRAIRIE</u>

◊ <u>OWL MOON</u>

◊ THE POKY LITTLE <u>PUPPY</u>

◊ THE RUNAWAY <u>BUNNY</u>

◊ STUART <u>LITTLE</u>

◊ <u>SUPERFUDGE</u>

◊ THE TALE OF <u>DESPEREAUX</u>

◊ THE TALE OF PETER <u>RABBIT</u>

◊ TALES OF A FOURTH GRADE <u>NOTHING</u>

◊ WHERE THE WILD <u>THINGS</u> ARE

◊ <u>WINNIE</u> THE POOH

◊ <u>YERTLE</u> THE TURTLE

Good Eats

```
P G A T L O R E T S B O L H K
K O R H C G D S A C V O S P O
L E A E K I E K I W W S F T T
A M Y T E Y D W N C O T G S I
U D S L E N R E O Y R I T G R
L R U K I E S U N S R R V V F
A M C R D M N D L E O G K S S
U U C W A T E I G M B N E W P
B D O G R L N R B O W O A N T
V H T Y Z G U O L G T M M I C
C I A U E B L A R S P L N M H
C S S R P I F A M D Y A A N I
A R H C D F V R O R H S S G L
G M A A U Y W Y D U V K R H I
F R Y B R E A D M C S O C A T
```

- ◊ BISCUITS AND GRAVY
- ◊ BISON BURGER
- ◊ BUCKEYES
- ◊ BUFFALO WINGS
- ◊ CEDAR PLANKED SALMON
- ◊ CHEESE CURDS
- ◊ CHILI
- ◊ CLAM CHOWDER

- ◊ CRAB CAKES
- ◊ EGGS BENEDICT
- ◊ FISH TACOS
- ◊ FRITO PIE
- ◊ FRYBREAD
- ◊ GRITS
- ◊ KEY LIME PIE
- ◊ LAULAU

- ◊ LOBSTER ROLL
- ◊ LOWCOUNTRY BOIL
- ◊ SLINGER
- ◊ STROMBOLI
- ◊ SUCCOTASH
- ◊ SWAMP CABBAGE
- ◊ TAYLOR HAM
- ◊ UTICA GREENS

National Beauties

```
E E E N O T S W O L L E Y M U
T A I D A C A R L S B A D E U
I S E D A L G R E V E F M N R
M V D M Y E U P N K N S A Y Z
E P R A M C A S N C A P M A E
S T E A F Y R W P N H S M C I
O O V I Y R O E D R H Y O S L
Y R Z O C B A D T E I S T I A
A T E U E A U I N A E N H B N
D U P Q S N P A N H R R G M E
R G H E E I N I C I L C K S D
O A K S U D B R T M E E B H A
C S Z P O Z A A F O N R V G B
K K H A Y J Y A O A L W R B P
Y L H Z D E I F I R T E P Z P
```

- ◇ ACADIA
- ◇ ARCHES
- ◇ BISCAYNE
- ◇ BRYCE CANYON
- ◇ CAPITOL REEF
- ◇ CARLSBAD CAVERNS
- ◇ CRATER LAKE
- ◇ DENALI

- ◇ DRY TORTUGAS
- ◇ EVERGLADES
- ◇ GREAT SAND DUNES
- ◇ HOT SPRINGS
- ◇ JOSHUA TREE
- ◇ KENAI FJORDS
- ◇ MAMMOTH CAVE
- ◇ MESA VERDE

- ◇ MOUNT RAINIER
- ◇ PETRIFIED FOREST
- ◇ ROCKY MOUNTAIN
- ◇ SAGUARO
- ◇ SEQUOIA
- ◇ SHENANDOAH
- ◇ YELLOWSTONE
- ◇ YOSEMITE

Women Who Rock

```
T N K D E S G D G G E K T S K
F O R D H D V M R G N W I S W
R S E V G Z N I A I S I M O N
A K N E A W F A P D V K K R B
N R R M R F V N R D O F E H K
K A U Z I R O L F G F N D Y S
L L T N T S F R A I T T N W S
I C E L K F C Z Y L B D B A B
N H A C A O I A G U I L E R A
P D A R L U J W I K Z F S N K
E J M V E E J W S L T K N K I
R G I Y T Y E I C M L A I E D
R N U T I D W T L H H A S D Z
Y R M E C P E M W I E L T N A
A G A G W D L D R I E R C Z B
```

◊ CHRISTINA <u>AGUILERA</u>

◊ COLBIE <u>CAILLAT</u>

◊ MARIAH <u>CAREY</u>

◊ <u>CHER</u>

◊ KELLY <u>CLARKSON</u>

◊ SHAWN <u>COLVIN</u>

◊ ARETHA <u>FRANKLIN</u>

◊ ARIANA <u>GRANDE</u>

◊ PATTY <u>GRIFFIN</u>

◊ JOAN <u>JETT</u>

◊ <u>JEWEL</u>

◊ ALICIA <u>KEYS</u>

◊ CAROLE <u>KING</u>

◊ JANET <u>JACKSON</u>

◊ LADY <u>GAGA</u>

◊ <u>MADONNA</u>

◊ KATY <u>PERRY</u>

◊ <u>PINK</u>

◊ BONNIE <u>RAITT</u>

◊ <u>RIHANNA</u>

◊ DIANA <u>ROSS</u>

◊ CARLY <u>SIMON</u>

◊ TAYLOR <u>SWIFT</u>

◊ TINA <u>TURNER</u>

City by the Bay

```
H T R O N O D B U Y A L C E B
R U N S C R S A U S A L I T O
O Y D E A A L P T I B I V A P
Y C K B D C B E K T U C W G O
I D M G A R O L L I H B O N T
N O G T I P A N E M K I E E R
L G R F T A D G I C D F H D E
Z A V A W I N S A I A W R L R
Z C E H M R S T S E L R A O O
R B A A E I O E S U T I S G Z
I R R C O V R D I M A G G I O
F Y O N U P T C A U O R E K B
P I T G I N S B E R G R T M G
T O G H I R A R D E L L I S M
W L T R A B C H I N A T O W N
```

◊ ALCATRAZ

◊ BART

◊ BEAT POETS

◊ CABLE CARS

◊ THE CASTRO

◊ CHINATOWN

◊ COIT TOWER

◊ JOE DIMAGGIO

◊ FISHERMAN'S WHARF

◊ GHIRARDELLI SQUARE

◊ GIANTS

◊ ALLEN GINSBERG

◊ GOLDEN GATE BRIDGE

◊ JAPANESE
  TEA GARDEN

◊ JACK KEROUAC

◊ LEVI STRAUSS

◊ LOMBARD STREET

◊ MISSION DISTRICT

◊ NOB HILL

◊ NORTH BEACH

◊ POTRERO HILL

◊ PRESIDIO

◊ SAUSALITO ISLAND

◊ TRANSAMERICA
  PYRAMID

The 1940s-50s

```
G W E H G U B R E T T I J L G
Y M O N R O E L R C F E S W I
C B N M O F D M H S L S U Y U
U B E Z C O S A P R E S L E Y
L I Z C O S R E M O O B L P L
E G I P D L A R E G Z T I F L
V B T K E P R P Y O Z F V O O
O A I S Y A O P O Y H I A N R
L N C L T H O T B F H L N O D
I D L P K O S W I N G M O J N
V O A C N U O Y D I T N G I A
H C O S I N H A D T I O Z V K
K S V T L A U U O W C I Z E C
P U N I P B L C P F O R B I O
A C O L D W A R K Z M H Y I R
```

◇ BABY BOOMERS

◇ BIG BAND MUSIC

◇ RAY CHARLES

◇ CITIZEN CANE

◇ COLD WAR

◇ ELLA FITZGERALD

◇ FILM NOIR

◇ HOWDY DOODY

◇ BUDDY HOLLY

◇ HULA HOOP

◇ I LOVE LUCY

◇ JITTERBUG

◇ JIVE

◇ MARILYN MONROE

◇ PIN-UP GIRLS

◇ POODLE SKIRT

◇ ELVIS PRESLEY

◇ RAT PACK

◇ ROCK AND ROLL

◇ SNOOPY

◇ SOCK HOP

◇ ED SULLIVAN

◇ SWING DANCING

◇ ZOOT SUIT RIOTS

Men on the Big Screen

```
R J A C K S O N A M F F O H D
U V K C I C S R U G E P P T I
S Z G N O T G N I H S A W T C
S N U P H W I P O M A C E L A
E S A K I L S D R M E N O C P
L C P V C L L L U K E O K P R
L A M R E E V E S B N L A S I
L N A P X H L I W E F B P N O
V A N H I R E F Y K R C A G E
N D D E N E G R F I C M H M R
O R E U E E A D A E O K B D
M O N M O U L G M E S D R F F
A J I W H D E L R E P O O C E
D F R R P S O F Y B Y R P T L
W J O H N S O N O G D E D Y S
```

- ◊ BEN AFFLECK
- ◊ JEFF BRIDGES
- ◊ NICOLAS CAGE
- ◊ GEORGE CLOONEY
- ◊ BRADLEY COOPER
- ◊ MATT DAMON
- ◊ ROBERT DENIRO
- ◊ LEONARDO DICAPRIO
- ◊ CHRIS EVANS
- ◊ HARRISON FORD
- ◊ MORGAN FREEMAN
- ◊ ANDREW GARFIELD
- ◊ JAKE GYLLENHAAL
- ◊ TOM HANKS
- ◊ DUSTIN HOFFMAN
- ◊ SAMUEL L. JACKSON
- ◊ DWAYNE JOHNSON
- ◊ MICHAEL B. JORDAN
- ◊ JOAQUIN PHOENIX
- ◊ JESSE PLEMONS
- ◊ KEANU REEVES
- ◊ SAM ROCKWELL
- ◊ KURT RUSSELL
- ◊ DENZEL WASHINGTON

Presidential Pets

```
B V D O M G I M H X O V H M P
E A N S I I F R E C K L E S M
B K A H S D L R W Y N I T O M
S R V M W H I L I L G I C M Y
A Z B I Y D G E I Z F H I E P
F G N L U C K Y H E E S S Z E
U K E Y B R D K L C T B U A G
S Z K U E D Y L K Y B G N L G
W C D C D N E E D G A R N B Y
M D O T B R R D B S F Y Y E H
Y Z E E C S Y A R L L D I W B
U M S E L Y L I B E R T Y A N
L S Z A I C L I P P E R L D P
I R E G N A R N Y B B A G V K
U R B K D Z A S F C F C D R U
```

◊ BARNEY	◊ FALA	◊ MISTY
◊ BESSI	◊ FELLER	◊ PEGGY
◊ BLAZE	◊ FRECKLES	◊ RANGER
◊ BUDDY	◊ GABBY	◊ REX
◊ CHECKERS	◊ HEIDI	◊ SARA
◊ CLEO	◊ LIBERTY	◊ SUNNY
◊ CLIPPER	◊ LUCKY	◊ TINY
◊ EDGAR	◊ MILLIE	◊ WINKS

National Football League

```
G O C T S K H D P O R O C S Y
Y S H K T U V M H O E Y T S S
S N A X E T G J S L R O G F S
K W R O E K P A Z T I P W E Y
L H G O L W P G T R N B O I O
M N E B E B S U T L T I M H B
W Y R I R S L A N I D R A C W
Z C S O S F P R R G I A A S O
M O W N E N R S V S G M T M C
Y N P A C K E R S F F L B W S
S S G N I K I V L I O N S N B
A J V S R E E N A C C U B T I
B B E N G A L S S R A E B A L
P T I T A N S N I H P L O D L
G O C M S E O P A N T H E R S
```

◊ BEARS	◊ COLTS	◊ PATRIOTS
◊ BENGALS	◊ COWBOYS	◊ RAMS
◊ BILLS	◊ DOLPHINS	◊ RAVENS
◊ BROWNS	◊ JAGUARS	◊ SAINTS
◊ BUCCANEERS	◊ JETS	◊ STEELERS
◊ CARDINALS	◊ LIONS	◊ TEXANS
◊ CHARGERS	◊ PACKERS	◊ TITANS
◊ CHIEFS	◊ PANTHERS	◊ VIKINGS

Birds of State

```
C T E G G S E M D T O Z I N V
N E E E Y R F L L S N N E T O
O L S V D U E M O A Z K K P Y
O A A U O A D H C I C P H O Y
L R F P O D K I S I R E S Z G
C K L L F R L C H A A O U V B
A B L G Y E G C I S R B R A L
R U U O P C D Z A H Q H H N U
D N G O L E A N N U C P T N E
I T N S R Y T T A C M N T E B
N I I E C F L I C K E R I N I
A N B Y E L L O W H A M M E R
L G O L D F I N C H E U R U D
O U R E N N U R D A O R E N A
K R A L W O D A E M I M H O S
```

◊ BLUEBIRD

◊ CARDINAL

◊ CHICKADEE

◊ DOVE

◊ FLICKER

◊ FLYCATCHER

◊ GOLDFINCH

◊ GOOSE

◊ GROUSE

◊ GULL

◊ HERMIT THRUSH

◊ LARK BUNTING

◊ LOON

◊ MEADOWLARK

◊ NENE

◊ ORIOLE

◊ PELICAN

◊ PHEASANT

◊ QUAIL

◊ RED CHICKEN

◊ ROADRUNNER

◊ ROBIN

◊ THRASHER

◊ YELLOWHAMMER

The 12 Amendments

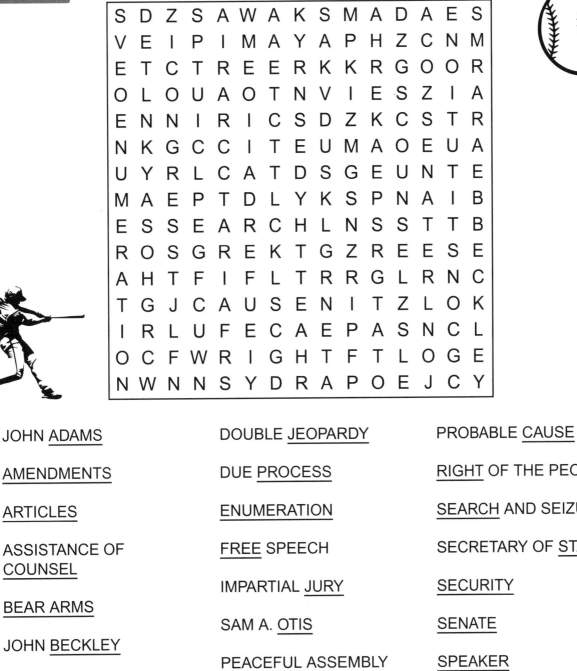

```
S D Z S A W A K S M A D A E S
V E I P I M A Y A P H Z C N M
E T C T R E E R K K R G O O R
O L O U A O T N V I E S Z I A
E N N I R I C S D Z K C S T R
N K G C C I T E U M A O E U A
U Y R L C A T D S G E U N T E
M A E P T D L Y K S P N A I B
E S S E A R C H L N S S T T B
R O S G R E K T G Z R E E S E
A H T F I F L T R R G L R N C
T G J C A U S E N I T Z L O K
I R L U F E C A E P A S N C L
O C F W R I G H T F T L O G E
N W N N S Y D R A P O E J C Y
```

JOHN ADAMS

AMENDMENTS

ARTICLES

ASSISTANCE OF COUNSEL

BEAR ARMS

JOHN BECKLEY

CONGRESS

CONSTITUTION

DOUBLE JEOPARDY

DUE PROCESS

ENUMERATION

FREE SPEECH

IMPARTIAL JURY

SAM A. OTIS

PEACEFUL ASSEMBLY

PLEAD THE FIFTH

PROBABLE CAUSE

RIGHT OF THE PEOPLE

SEARCH AND SEIZURE

SECRETARY OF STATE

SECURITY

SENATE

SPEAKER

SPEEDY TRIAL

Good, Old-Fashioned Rock 'n' Roll

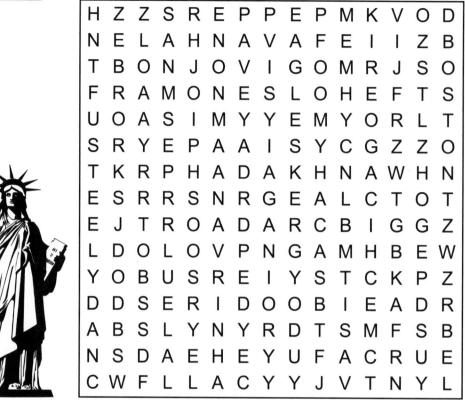

```
H Z Z S R E P P E P M K V O D
N E L A H N A V A F E I I Z B
T B O N J O V I G O M R J S O
F R A M O N E S L O H E F T S
U O A S I M Y Y E M Y O R L T
S R Y E P A A I S Y C G Z Z O
T K R P H A D A K H N A W H N
E S R R S N R G E A L C T O T
E J T R O A D A R C B I G G Z
L D O L O V P N G A M H B E W
Y O B U S R E I Y S T C K P Z
D D S E R I D O O B I E A D R
A B S L Y N Y R D T S M F S B
N S D A E H E Y U F A C R U E
C W F L L A C Y Y J V T N Y L
```

◊ AEROSMITH

◊ BLONDIE

◊ BON JOVI

◊ BOSTON

◊ CHEAP TRICK

◊ CHICAGO

◊ THE DOOBIE BROTHERS

◊ THE DOORS

◊ EAGLES

◊ FOO FIGHTERS

◊ GRATEFUL DEAD

◊ HEART

◊ JOURNEY

◊ KISS

◊ LYNYRD SKYNYRD

◊ MOTLEY CRUE

◊ NIRVANA

◊ PEARL JAM

◊ THE RAMONES

◊ RED HOT CHILI PEPPERS

◊ R.E.M.

◊ STEELY DAN

◊ TALKING HEADS

◊ VAN HALEN

Memorable Literary Characters

```
R L K O B O E N A N A H C U B
O P H B A R N E S N C R F H P
O G A I T N A S G V L W A C P
H R G S W I L K E S O T N R B
B O E T D Y O N T R O P G A O
H A Y T H C N I F B F A S M W
K Y T T C N V H W Z U U T C D
B E L E R E R O N I M Z R A S
O L N K S Y L T H G I L O G O
B P A E D K S G L O G J M H E
U I B E E B C E A U G U A U G
T R M U D R L R M S Z R D Y E
L Y B S T A G P A H A B R R M
E K I B G H P C A U F I E L D
R Z Z U U N O S P M O C W P F
```

◊ CAPTAIN AHAB

◊ HARRY "RABBIT" ANGSTROM

◊ JAKE BARNES

◊ NORMAN BATES

◊ DAISY BUCHANAN

◊ RHETT BUTLER

◊ HOLDEN CAUFIELD

◊ QUENTIN COMPSON

◊ NANCY DREW

◊ ATTICUS FINCH

◊ DOROTHY GALE

◊ JAY GATSBY

◊ HOLLY GOLIGHTLY

◊ MOE GREENE

◊ FORREST GUMP

◊ TOM JOAD

◊ HANNIBAL LECTER

◊ JO MARCH

◊ SCARLETT O'HARA

◊ ALEX PORTNOY

◊ TOM RIPLEY

◊ SAM SPADE

◊ SANTIAGO

◊ ANNIE WILKES

Island Hopping

```
S E O N A C L O V D B Z P C R
E L A H W K C A B P M U H L Z
F I G R O A D T O H A N A A O
I U U N E S U G A R C A N E W
C A A A K A H O O L A W E B Y
A C M I M L A C I P O R T U P
L E F A S U C S I B I H L E V
A G U U B G N I I H A U A G M
H U O A D O M H I B L N D M O
A B H K L A K A U O U R K O N
I G E A H I N C N F A E G L K
N I Y A O A K O A D H I L O S
A K L U L C H I E R F E P K E
N O Y N A C A E M I A W Z A A
N A O L A N U A M B O B U I L
```

◊ ALOHA

◊ BARACK OBAMA

◊ HIBISCUS

◊ HILO

◊ HONOLULU

◊ HUMPBACK WHALE

◊ KAHOOLAWE

◊ KAUAI

◊ KILAUEA

◊ KONA

◊ LAHAINA

◊ LANAI

◊ MAHALO

◊ MAUI

◊ MAUNA LOA

◊ MOLOKAI

◊ MONK SEAL

◊ NIIHAU

◊ OAHU

◊ ROAD TO HANA

◊ SUGAR CANE

◊ TROPICAL

◊ VOLCANOES

◊ WAIMEA CANYON

Cars and Choppers

```
Y H S S O H S S O B U R E N G
Y I O H M T M E I G W K C L T
D R O F C W H G W R C A E L I
B E F R B R E D W O L F S B D
K L C E U D A O E L O L R B A
G S A R E I N D I A N S O N K
J Y L V L V G D H N S M H O C
A R S N L E A O G K P E N X I
N H E U N C N O P F S U O A U
U C T E O L M E R K E L R S B
S K R M O O E K A H B S I N M
G A B C R J K G V C Y W P B H
L A N V E E R A M T R U C K D
T I R I Z L L W R I V I A N T
L G O D G I B U V D B O D G P
```

◊ AMERICAN IRONHORSE

◊ ARCH MOTORCYCLES

◊ BIG DOG

◊ BUELL

◊ BUICK

◊ BOSS HOSS

◊ CADILLAC

◊ CHRYSLER

◊ COMBAT MOTORS

◊ DODGE

◊ DRAKO

◊ FLYING MERKEL

◊ FORD

◊ GENERAL MOTORS

◊ INDIAN MOTORCYCLE

◊ JANUS MOTORCYCLES

◊ JEEP

◊ LINCOLN

◊ RAM TRUCK

◊ RIVIAN

◊ SAXON

◊ TESLA

◊ WOLF SCOOTERS

◊ ZERO MOTORCYCLES

Let Freedom Ring

```
E D T S S E N I P P A H U H K
F S H T E C R E M M O C H T C
I T E F O N T U Q U S A Z R O
L H H I O C O T Z U P L D U C
C H V O N R L S P E A C E O N
N N E W R O T O R C P L L F A
Y I Z L A N L U W E Y B B M H
Y T L T P B T O N D F M A W Y
E E R K T P S O C E I F N T P
R A B E N E I O N F S V E A G
U I Z R B A L H L H U F I J H
T D B K Y I R T W V A S L N P
A A D A M S L F R S E Y A N E
N O T E L D D I M A P D N A S
B T H I N G S K V N B U U E N
```

◊ ABSOLVED

◊ ACTS AND THINGS

◊ SAMUEL ADAMS

◊ ALL MEN ARE CREATED EQUAL

◊ JOSIAH BARTLETT

◊ COLONIES

◊ COMMERCE

◊ DIVINE PROVIDENCE

◊ BENJAMIN FRANKLIN

◊ FORTUNES

◊ FOURTH OF JULY

◊ JOHN HANCOCK

◊ THOMAS JEFFERSON

◊ LAWS OF NATURE

◊ LIBERTY

◊ LIFE

◊ ARTHUR MIDDLETON

◊ PEACE

◊ PURSUIT OF HAPPINESS

◊ SAFETY

◊ MATTHEW THORNTON

◊ UNALIENABLE RIGHTS

◊ WILLIAM WHIPPLE

◊ OLIVER WOLCOTT

Three Branches

```
O G W S S E C O R P S L L I B
E T S U P R E M E R I E A R S
M C E V I T U C E X E Y B T S
E P I V G O I K Y C H D K C T
O T P T L L A C L L O R O K E
E N A U S E K R A M D N A L G
G E E B P U S E T A G E L E D
E Y T S E V J D N R T E B E U
L Y T T W D U Z E G T U T O B
L O R R I L K S A S N A R O Y
O Z K U A M S Y F W N E R C V
C S N W S P M L B E C A I Y A
G P S C P H F O S W I L E P V
J U D I C I A L C C O H R M F
Y R A T E R C E S P N F C G E
```

◊ BILL

◊ BUDGETS

◊ CONGRESS

◊ COMMANDER IN CHIEF

◊ COMMITTEE

◊ DELEGATES

◊ DEBATE

◊ DUE PROCESS

◊ ELECTORAL COLLEGE

◊ EXECUTIVE

◊ JUDICIAL

◊ JUSTICE

◊ LANDMARK CASE

◊ LAWS OF THE LAND

◊ MAJORITY PARTY

◊ POLICY

◊ ROLL CALL

◊ SECRETARY

◊ SENATE

◊ SPEAKERS

◊ SUPREME COURT

◊ TWO-THIRDS VOTE

◊ VETO

◊ WAYS AND MEANS

On Broadway

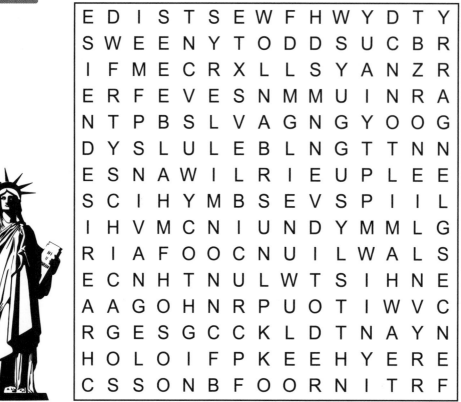

```
E D I S T S E W F H W Y D T Y
S W E E N Y T O D D S U C B R
I F M E C R X L L S Y A N Z R
E R F E V E S N M M U I N R A
N T P B S L V A G N G Y O O G
D Y S L U L E B L N G T T N N
E S N A W I L R I E U P L E E
S C I H Y M B S E V S P I I L
I H V M C N I U N D Y M M L G
R I A F O O C N U I L W A L S
E C N H T N U L W T S I H N E
A A G O H N R P U O T I W V C
R G E S G C C K L D T N A Y N
H O L O I F P K E E H Y E R E
C S S O N B F O O R N I T R F
```

◊ *A RAISIN IN THE SUN*

◊ *A STREETCAR NAMED DESIRE*

◊ EDWARD ALBEE

◊ *ANGELS IN AMERICA*

◊ *CAT ON A HOT TIN ROOF*

◊ *CHICAGO*

◊ *THE CRUCIBLE*

◊ *DEATH OF A SALESMAN*

◊ *FENCES*

◊ *GLENGARRY GLEN ROSS*

◊ *GUYS AND DOLLS*

◊ *HAMILTON*

◊ *THE LITTLE FOXES*

◊ *LONG DAY'S JOURNEY INTO NIGHT*

◊ ARTHUR MILLER

◊ *THE ODD COUPLE*

◊ EUGENE O'NEILL

◊ *OUR TOWN*

◊ *RENT*

◊ NEIL SIMON

◊ *SINGIN' IN THE RAIN*

◊ *SWEENY TODD*

◊ *WEST SIDE STORY*

◊ THORNTON WILDER

Hip Hop Don't Stop

```
M P A C O M N O M M O C V T B
H I L L M G O Z Y L P L K E A
K O G G O D R G U A W Y B L M
P R V E M I N E M E R U T U F
T S A K T U O U Y O C V S L P
Y E L O C J D A R E E S A P J
L I K O O M K C L E T N A S
E L U D A C R I S M I N N C H
R M S P W I Y S Y F E I U B Z
I W I A L C U H A K M K T Y R
S A Y L R H R H W K Z B A E N
U N E L L I O T B H E J I R U
E A L K N E F K R U K A H S D
K Z E B N F R A M A L U A M P
O O I D U C D I K C A R D I B
```

◊ BUSTA RHYMES

◊ CARDI B

◊ COMMON

◊ DRAKE

◊ EMINEM

◊ FUTURE

◊ ICE CUBE

◊ J. COLE

◊ JAY-Z

◊ KENDRICK LAMAR

◊ KID CUDI

◊ LAURYN HILL

◊ LIL WAYNE

◊ LUDACRIS

◊ MAC MILLER

◊ MISSY ELLIOT

◊ NICKI MINAJ

◊ NIPSEY HUSSLE

◊ OUTKAST

◊ QUEEN LATIFAH

◊ RUN DMC

◊ SNOOP DOGG

◊ TUPAC SHAKUR

◊ TYLER, THE CREATOR

The 1960s

```
U D Y H F R S A I R P L A N E
P M E M O R G N O R T S M R A
Z K L G A E W H O S H T S A G
S H L B F L I N T S T O N E S
I W A O O L C A N A T I M Y A
Y M V P F H R O B O L E A P K
O G O G K T K U L E I P J R M
K H U V R C R C T M O D L M D
E I E E N O O D L X G I O Y
N E K G E M P T L C H I L D V
N C N T A A E O S P O C D E O
E A T K C E C N B D Z M S E T
D E L F C P L M T K O M F R I
Y P L Y E N A U W Z D O Y F N
W T F M D V Y Y M O T O W N G
```

- ◊ APOLLO PROGRAM
- ◊ NEIL ARMSTRONG
- ◊ CAROL BURNETT
- ◊ TRUMAN CAPOTE
- ◊ JULIA CHILD
- ◊ CIVIL RIGHTS MOVEMENT
- ◊ CASSIUS CLAY
- ◊ JOAN DIDION

- ◊ BOB DYLAN
- ◊ THE FLINTSTONES
- ◊ FOLK MUSIC
- ◊ FREEDOM RIDERS
- ◊ GO-GO BOOTS
- ◊ JEFFERSON AIRPLANE
- ◊ THE JETSONS
- ◊ ROBERT F. KENNEDY

- ◊ MALCOLM X
- ◊ MOTOWN
- ◊ PEACE
- ◊ SYLVIA PLATH
- ◊ STAR TREK
- ◊ VOTING RIGHTS ACT
- ◊ VALLEY OF THE DOLLS
- ◊ WOODSTOCK

March Madness

```
I R E D N U H T K C P I T T L
O D L B Y H S N O S S Z A P T
U M E P U P I O R K W E K G R
S M A G I C W E W P H S U I U
T R E V K P K A A T R K C Y O
E S E S E A H S R E M L Y S C
G B D I L R L S Z R I T N V E
G U R N L L I A H P I O H E L
U R K Z U A L C P U T O O E T
N K O B E B V E K S P U R S I
S N U S L G R A I S A I N S C
U S T I O S J P C U C V E T S
R G A Z W C S A A P E Z T D C
C R P S E I L Z Z I R G S N U
T R O C K E T S K Z S H P P V
```

◊ BUCKS
◊ BULLS
◊ CAVALIERS
◊ CELTICS
◊ CLIPPERS
◊ COURT
◊ GRIZZLIES
◊ HAWKS

◊ HEAT
◊ HORNETS
◊ JAZZ
◊ KNICKS
◊ LAKERS
◊ MAGIC
◊ MAVERICKS
◊ NUGGETS

◊ PACERS
◊ PISTONS
◊ ROCKETS
◊ SPURS
◊ SUNS
◊ THUNDER
◊ TRAIL BLAZERS
◊ WARRIORS

Native Flora

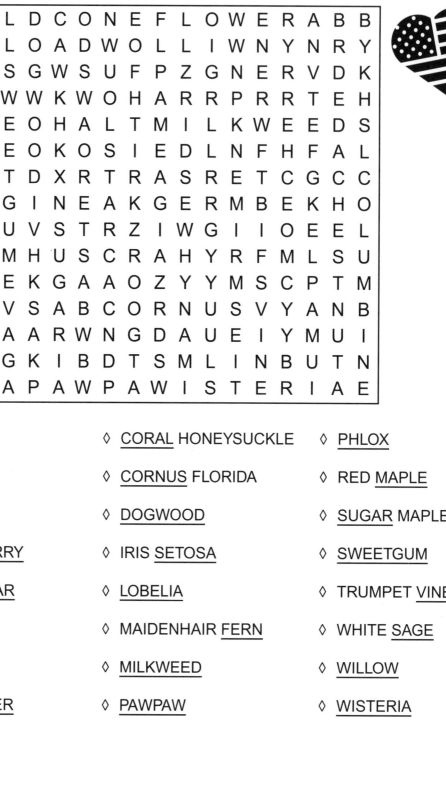

L D C O N E F L O W E R A B B
L O A D W O L L I W N Y N R Y
S G W S U F P Z G N E R V D K
W W K W O H A R R P R R T E H
E O H A L T M I L K W E E D S
E O K O S I E D L N F H F A L
T D X R T R A S R E T C G C C
G I N E A K G E R M B E K H O
U V S T R Z I W G I I O E E L
M H U S C R A H Y R F M L S U
E K G A A O Z Y Y M S C P T M
V S A B C O R N U S V Y A N B
A A R W N G D A U E I Y M U I
G K I B D T S M L I N B U T N
A P A W P A W I S T E R I A E

◊ AGAVE

◊ ASTER

◊ BALSAM FIR

◊ BLACK CHERRY

◊ BLAZING STAR

◊ CHESTNUT

◊ COLUMBINE

◊ CONEFLOWER

◊ CORAL HONEYSUCKLE

◊ CORNUS FLORIDA

◊ DOGWOOD

◊ IRIS SETOSA

◊ LOBELIA

◊ MAIDENHAIR FERN

◊ MILKWEED

◊ PAWPAW

◊ PHLOX

◊ RED MAPLE

◊ SUGAR MAPLE

◊ SWEETGUM

◊ TRUMPET VINE

◊ WHITE SAGE

◊ WILLOW

◊ WISTERIA

American Innovation

```
D L A S R E V I N U H M N K K
V F S E P A C E M A K E R L I
D L S L N Y P O H S O T O H P
A A L I Z O E L E B Z G C L Y
L A D A N H T K O N O M P T K
S E I M F V C T R Y I W O F G
E L K E E Y O T O E V C P K E
T B O C D W C Z A C K T C B Z
I B O I D P A G S P Y C U A I
T U B O I W C S O H C T A V V
S H E V G I O B P O U D F H O
O L C S I F L C U O G T A G W
P H A Z T I A D Y L F L T P T
P G F E A S T R E N B U E L I
A I R P L A N E A R I F T M E
```

◊ AIRPLANE

◊ COCA-COLA

◊ COTTON GIN

◊ DIGITAL CAMERA

◊ DVD

◊ FACEBOOK

◊ GOOGLE

◊ HUBBLE TELESCOPE

◊ IPAD

◊ LASER PRINTER

◊ LIGHT BULB

◊ MICROWAVE POPCORN

◊ NICOTINE PATCH

◊ PACEMAKER

◊ PHOTOSHOP

◊ POLIO VACCINE

◊ POST-IT NOTES

◊ SPACE SHUTTLE

◊ TESLA

◊ UNIVERSAL PRODUCT CODE

◊ WEED WHACKER

◊ WIFI

◊ VOICEMAIL

◊ YOUTUBE

Top of Pop

```
S E D N A R G C A B E L L O H
R B S D W L P R A Z S W I F T
A L L T F K E G E I G R E F S
E B O Y S L A M T I A L K W N
P R A Z I G O L W P E R R Y C
S Y I U Y G U R Y K P W S D F
C O G D W S F A I E L H T C I
L A A O T I D N S D S A E B Y
A L D G M I L H U F A L F M E
R Y B I N A Y L H E B E A W R
K C Y R U S D S I Z U L N H A
S M K D Z O I O N A O S I R C
O V A O F L R V N N M E H S C
N P K R I E C G E N U S K E I
P D R E S U R L O V A T O Z R
```

◊ CHRISTINA AGUILERA

◊ BACKSTREET BOYS

◊ CAMILA CABELLO

◊ MARIAH CAREY

◊ KELLY CLARKSON

◊ MILEY CYRUS

◊ BILLIE EILISH

◊ FERGIE

◊ FLO RIDA

◊ LADY GAGA

◊ SELENA GOMEZ

◊ ARIANA GRANDE

◊ HALSEY

◊ DEMI LOVATO

◊ MADONNA

◊ POST MALONE

◊ BRUNO MARS

◊ KATY PERRY

◊ OLIVIA RODRIGO

◊ BRITNEY SPEARS

◊ GWEN STEFANI

◊ TAYLOR SWIFT

◊ USHER

◊ PHARRELL WILLIAMS

Country Legends

```
Y E N S E H C I F W P L B Z R
L R M H F U W E B R O O K S W
R L E R I T N E C M T O T D I
P A I S L E Y R C E M R G I W
P U C G I B S G L N A E D L A
F A A H A R R I S I B L A C K
D V R F G A C N T L N T B E E
T K T T W K N E J C V O I Z M
B M E N O D S A N U Z T A O U
R A R E K N C O P N H H D N S
Y K F L Y K C U S H P C S S V
A A Z S S A N N O N Y W L A D
N O O R T E V Y H S H C D C
L Y N N T U C K E R K N U P C
D Z L L E B P M A C J J D D Z
```

◊ JASON ALDEAN

◊ CLINT BLACK

◊ GARTH BROOKS

◊ ZACH BRYAN

◊ GLEN CAMPBELL

◊ JUNE CARTER

◊ JOHNNY CASH

◊ KENNY CHESNEY

◊ PATSY CLINE

◊ VINCE GILL

◊ EMMYLOU HARRIS

◊ ALAN JACKSON

◊ NAOMI JUDD

◊ TOBY KEITH

◊ LORETTA LYNN

◊ REBA MCENTIRE

◊ TIM MCGRAW

◊ WILLIE NELSON

◊ BRAD PAISLEY

◊ DOLLY PARTON

◊ GEORGE STRAIT

◊ TANYA TUCKER

◊ WYNONNA

◊ DWIGHT YOAKAM

Let's Play!

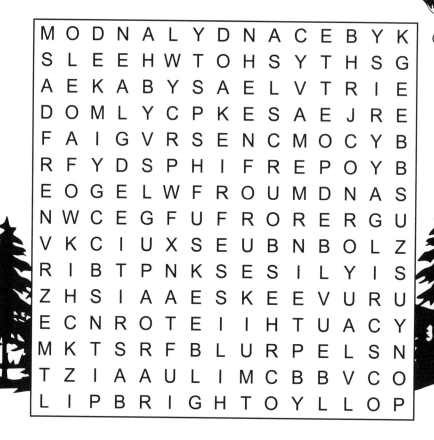

```
M O D N A L Y D N A C E B Y K
S L E E H W T O H S Y T H S G
A E K A B Y S A E L V T R I E
D O M L Y C P K E S A E J R E
F A I G V R S E N C M O C Y B
R F Y D S P H I F R E P O Y B
E O G E L W F R O U M D N A S
N W C E G F U F R O R E R G U
V K C I U X S E U B N B O L Z
R I B T P N K S E S I L Y I S
Z H S I A A E S K E E V U R U
E C N R O T E I I H T U A C Y
M K T S R F B L U R P E L S N
T Z I A A U L I M C B B V C O
L I P B R I G H T O Y L L O P
```

- ◊ BARBIE
- ◊ BIG WHEEL
- ◊ CANDY LAND
- ◊ CARE BEARS
- ◊ CHATTY CATHY
- ◊ CLUE
- ◊ DOC MCSTUFFINS
- ◊ EASY BAKE OVEN

- ◊ FURBY
- ◊ G.I. JOE
- ◊ HOT WHEELS
- ◊ LEGO
- ◊ LIFE
- ◊ LINCOLN LOGS
- ◊ LITE BRIGHT
- ◊ MOUSE TRAP

- ◊ MY LITTLE PONY
- ◊ NERF BALL
- ◊ POLLY POCKET
- ◊ RUBIK'S CUBE
- ◊ SUPER SOAKER
- ◊ TEDDY RUXPIN
- ◊ TICKLE ME ELMO
- ◊ TRANSFORMERS

Pawsome Cats and Dogs

```
Y A U R K M X I V M H H E K O
L C A Z B I E N M P A I S H T
B K C O L K U O B K S S L S L
M U L E P E T E Y S Y P I C R
G T F O D N F E A L T G N O W
M U H O O C H L V B A Y K O F
B A D M I L O E R C P V Y B L
E O R K G L S U B O R E R Y W
E K N L U T I X O E P O P D O
T K A F E S V N N U I B S O R
H I H R E Y S B F I T O T O D
O M O R R I S F U Z J O M G A
V G R U M P Y C A T R R K Y I
E A B W B G I J N E B R M G S
N H I W M H O H Z L D K S A Y
```

◊ BEETHOVEN   ◊ HOOCH   ◊ ROWLF

◊ BENJI   ◊ LASSIE   ◊ SCOOBY-DOO

◊ BOLT   ◊ MARLEY   ◊ SLINKY

◊ BRUISER   ◊ MILO   ◊ SNOOPY

◊ DAISY   ◊ MORRIS   ◊ SYLVESTER

◊ DUG   ◊ MR. JINX   ◊ TOM

◊ FELIX   ◊ PETEY   ◊ TOTO

◊ GRUMPY CAT   ◊ PUFFY   ◊ ZERO

Dining Out

```
F S O N A I G G A M A B C D S
C N D N R H A G Z K E Z U D L
B C G N E O D C Z Z K V V D C
M U R L V P W R I P D H I P O
S I X U A E D A P P A P F F C
B R M F N M H C F Y I C A D O
O S O I S L E K D F H D C E S
N Y A B S W A E W A L C T R S
E A Z X I O N R N N W E O A I
F D J F E N L G R H T U R L L
I I E U Y T S I K O V L Y S I
S R W S M A L V V D C G G A H
H F T A F P Y U B E T N N I C
S H Y A D S E U T K I R E V Y
T N M B E I D R D W Y D G F L
```

- ◊ BLACK <u>ANGUS</u>
- ◊ BOB <u>EVANS</u>
- ◊ <u>BONEFISH</u> GRILL
- ◊ BUFFALO WILD <u>WINGS</u>
- ◊ CHEESECAKE <u>FACTORY</u>
- ◊ <u>CHILI'S</u>
- ◊ CLAIM <u>JUMPER</u>
- ◊ <u>COCO'S</u> BAKERY

- ◊ <u>CRACKER</u> BARREL
- ◊ <u>DENNY'S</u>
- ◊ <u>FIVE</u> GUYS
- ◊ GOLDEN <u>CORRAL</u>
- ◊ <u>IHOP</u>
- ◊ <u>MAGGIANO'S</u>
- ◊ <u>MIMI'S</u> CAFE
- ◊ MOD <u>PIZZA</u>

- ◊ <u>OLIVE</u> GARDEN
- ◊ <u>PAPPADEAUX</u> SEAFOOD
- ◊ <u>P.F. CHANG'S</u>
- ◊ RED <u>ROBIN</u>
- ◊ RUBY <u>TUESDAY</u>
- ◊ <u>TEXAS</u> ROADHOUSE
- ◊ TGI <u>FRIDAYS</u>
- ◊ <u>WAFFLE</u> HOUSE

Noteworthy Landmarks

```
O L L E C I T N O M P F K R B
U Y D V C V K O N O Y N A C I
N Y L K O O R B V H A P N M Y
L T G L R A E P P T S O F N B
O L R L L R I R R U H M A E N
C I W O L A L M O O C A L R Y
N B R E A U O G W M D L L E A
I E I C M N F C H Y H A S L W
L R G K U Y I H I L C S D S E
D T L M Y A H U T P B O U Y T
U Y E S M W E O E I D G S R A
L N Y S V N E Y O G A R R H G
T I I N E E D L E V K F V C D
M G S Z S F V R K A E M B P Y
N Z K K C Y A N K E E R K W K
```

◊ BROOKLYN BRIDGE

◊ CHRYSLER BUILDING

◊ DODGER STADIUM

◊ FENWAY PARK

◊ GATEWAY ARCH

◊ GRAND CANYON

◊ HOLLYWOOD SIGN

◊ HOOVER DAM

◊ LIBERTY BELL

◊ LINCOLN MEMORIAL

◊ MONTICELLO

◊ MONUMENT VALLEY

◊ MOUNT RUSHMORE

◊ NATIONAL MALL

◊ NIAGARA FALLS

◊ OLD FAITHFUL

◊ PEARL HARBOR

◊ PLYMOUTH ROCK

◊ SPACE NEEDLE

◊ STATUE OF LIBERTY

◊ THE ALAMO

◊ WHITE HOUSE

◊ WRIGLEY FIELD

◊ YANKEE STADIUM

Get Real

```
A O P F T P L R E L B Z B W O
C N U W G D E C S T O R A G E
E A D C E O I O T V N M H V D
P J M C T O L A P O D O M R R
D E K A V U L D I L R B N O E
Y R F A Z E E T L H E W V S S
A S O O N I A F O P A I A L S
W E T T R T N N V P V V N L B
N Y F T P C A G E R C E D E O
U O Y M F K E B U I S S E H T
R Z E K E O S S Y P U A R I C
Z T S D D R E R E S N K P O H
S E V I W E S U O H S K U K E
U E U A U T O P C H E F M H D
E S I D A R A P M Y T H P Y M
```

◊ *ALASKAN BUSH PEOPLE*

◊ *THE AMAZING RACE*

◊ *AMERICA'S GOT TALENT*

◊ *BELOW DECK*

◊ *BERING SEA GOLD*

◊ *BOTCHED*

◊ *HELL'S KITCHEN*

◊ *JERSEY SHORE*

◊ *LOVE IT OR LIST IT*

◊ *MOB WIVES*

◊ *NAKED AND AFRAID*

◊ *PARADISE HOTEL*

◊ *PAWN STARS*

◊ *PROJECT RUNWAY*

◊ *THE REAL HOUSEWIVES*

◊ *SAY YES TO THE DRESS*

◊ *THE SHAHS OF SUNSET*

◊ *SPECIAL FORCES*

◊ *STORAGE WARS*

◊ *SURVIVOR*

◊ *TEMPTATION ISLAND*

◊ *TOP CHEF*

◊ *VANDERPUMP RULES*

◊ *THE VOICE*

Waterways

```
B I A W O D A R O L O C I F S
G Z Y I B Z G A M S O K M P U
O N O M B G A I H P N I R O P
M V Y M L M C R D U S E H D E
N S F S E H U A K S D L A O R
E O E R I E E L O S A S N E I
K E R G M H Z U O O R I O C O
B D A R W U R U O C E N E N R
H N L O A I Y Y D E O O B B M
A A R L N M U H Z P H R P C E
V R K G E K I T U C A E U R X
A G P R O W H C Z R T V G A I
S O I N G Y O A A F O C E T C
U I K D U B I P C N D N T E O
N R T E K C U T N A N R G R D
```

◊ LAKE ARROWHEAD

◊ LAKE HAVASU

◊ LAKE OF THE OZARKS

◊ CIMARRON RIVER

◊ HUDSON RIVER

◊ PECOS RIVER

◊ COLORADO RIVER

◊ LAKE HURON

◊ LAKE POWELL

◊ COLUMBIA RIVER

◊ LAKE MICHIGAN

◊ PUGET SOUND

◊ CRATER LAKE

◊ MISSOURI RIVER

◊ RIO GRANDE

◊ LAKE ELSINORE

◊ MONO LAKE

◊ LAKE SUPERIOR

◊ LAKE ERIE

◊ NANTUCKET SOUND

◊ LAKE TAHOE

◊ GULF OF MEXICO

◊ OHIO RIVER

◊ YUKON RIVER

Journey to the Stars

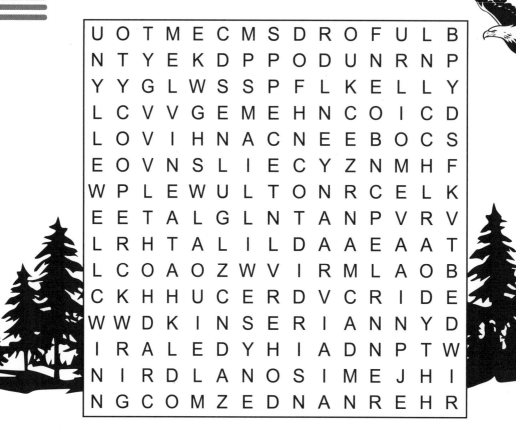

```
U O T M E C M S D R O F U L B
N T Y E K D P P O D U N R N P
Y Y G L W S S P F L K E L L Y
L C V V G E M E H N C O I C D
L O V I H N A C N E E B O C S
E O V N S L I E C Y Z N M H F
W P L E W U L T O N R C E L K
E E T A L G L N T A N P V R V
L R H T A L I L D A A E A A T
L C O A O Z W V I R M L A O B
C K H H U C E R D V C R I D E
W W D K I N S E R I A N N Y D
I R A L E D Y H I A D N P T W
N I R D L A N O S I M E J H I
N G C O M Z E D N A N R E H R
```

◊ BUZZ ALDRIN

◊ GUION BLUFORD

◊ KALPANA CHAWLA

◊ LAUREL CLARK

◊ PETE CONRAD

◊ GORDON COOPER

◊ JEANETTE EPPS

◊ JOHN GLENN

◊ JOSE HERNANDEZ

◊ MAE C. JEMISON

◊ MARK KELLY

◊ JOHN LLEWELLYN

◊ JIM LOVELL

◊ RONALD MCNAIR

◊ KEN MATTINGLY

◊ LELAND MELVIN

◊ ELLISON ONIZUKA

◊ JUDITH RESNIK

◊ SALLY RIDE

◊ WINSTON SCOTT

◊ DICK SCOBEE

◊ ALAN SHEPARD

◊ KATHRYN SULLIVAN

◊ SUNITA WILLIAMS

People Who Made History

```
Y K S M O H C F G R T Y N D V
C R D M W I R W E O W R E I P
S B O J D V E L A N Z Y D A N
K K B S I L L K R N P A R T A
H P A B L I L S H O T K O D M
R U M S N F E U A C S H L K B
O A A G C H K S R O U O O W U
B V T P G L W G T K L B T N T
I O T U S I R W E W E F H Y
N Y H E R N C N I M I B N L D
S T H I S H C C T G I N Z C I
O C U B A D R C N O H L E V M
N M U V M D A V I S N T K M M
E R E U K V Z U U A R T G I K
G Z V H V M Y D U B O I S G K
```

- ◊ SUSAN B. <u>ANTHONY</u>
- ◊ CESAR <u>CHAVEZ</u>
- ◊ NOAM <u>CHOMSKY</u>
- ◊ HILLARY <u>CLINTON</u>
- ◊ <u>CRAZY</u> HORSE
- ◊ MILES <u>DAVIS</u>
- ◊ W.E.B. <u>DUBOIS</u>
- ◊ AMELIA <u>EARHART</u>
- ◊ DUKE <u>ELLINGTON</u>

- ◊ RUTH BADER <u>GINSBURG</u>
- ◊ LANGSTON <u>HUGHES</u>
- ◊ STEVE <u>JOBS</u>
- ◊ HELEN <u>KELLER</u>
- ◊ AUDRE <u>LORDE</u>
- ◊ HARVEY <u>MILK</u>
- ◊ JOHN <u>MUIR</u>
- ◊ BARACK <u>OBAMA</u>

- ◊ SANDRA DAY <u>O'CONNOR</u>
- ◊ ROSA <u>PARKS</u>
- ◊ JACKIE <u>ROBINSON</u>
- ◊ GLORIA <u>STEINEM</u>
- ◊ HARRIET <u>TUBMAN</u>
- ◊ IDA B. <u>WELLS</u>
- ◊ FRANK LLOYD <u>WRIGHT</u>

Modern TV

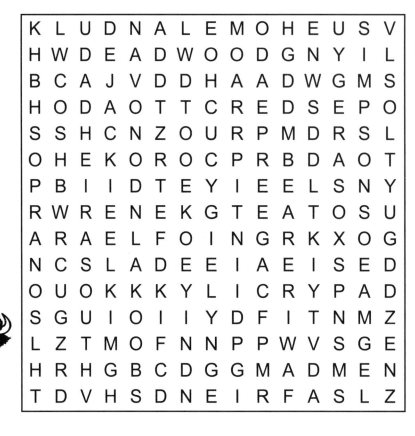

```
K L U D N A L E M O H E U S V
H W D E A D W O O D G N Y I L
B C A J V D D H A A D W G M S
H O D A O T T C R E D S E P O
S S H C N Z O U R P M D R S L
O H E K O R O C P R B D A O T
P B I I D T E Y I E E L S N Y
R W R E N E K G T E A T O S U
A R A E L F O I N G R K X O G
N C S L A D E E I A E I S E D
O U O K K K Y L I C R Y P A D
S G U I O I I Y D F I T N M Z
L Z T M O F N N P P W V S G E
H R H G B C D G G M A D M E N
T D V H S D N E I R F A S L Z
```

◊ *BREAKING BAD*

◊ *BOARDWALK EMPIRE*

◊ *DEADWOOD*

◊ *DEXTER*

◊ *ENTOURAGE*

◊ *FAMILY GUY*

◊ *FRIENDS*

◊ *HOMELAND*

◊ *LOST*

◊ *MAD MEN*

◊ *NURSE JACKIE*

◊ *RAY DONOVAN*

◊ *SEINFELD*

◊ *THE SHIELD*

◊ *THE SIMPSONS*

◊ *SIX FEET UNDER*

◊ *THE SOPRANOS*

◊ *SOUTH PARK*

◊ *STRANGER THINGS*

◊ *TRUE BLOOD*

◊ *TWIN PEAKS*

◊ *THE WALKING DEAD*

◊ *THE WEST WING*

◊ *THE WIRE*

The 1970s

```
S E I P P I H E S Z E Q U I W
B I B K R Z V L E T V M Y T L
M Z W E O E F S A D I S C O W
C N S V C M K G R R E V E F P
Z O W O K T R Z S O V G Y C L
N F W M Y E A I K F Z P L O E
F A P H T L R X K R P A V Y A
G H M A B U E O I A Z E K S R
H N W F C L G N H A B K D A Y
M C I R U A U L T O Y S E T E
W D N N K A R M A T V R A N L
B E P U I E K T E M O R K A A
P V H C B H W T E O M P S F H
F E M I N I S M M R O I S S N
G R O L Y A T W T P G A D H F
```

- ◊ JUDY BLUME
- ◊ THE BRADY BUNCH
- ◊ JIMMY CARTER
- ◊ DISCO
- ◊ FANTASY ISLAND
- ◊ FEMINISM
- ◊ FONZIE
- ◊ GERALD FORD

- ◊ ALEX HALEY
- ◊ HAPPY DAYS
- ◊ HIPPIES
- ◊ ANDY KAUFMAN
- ◊ NORMAN LEAR
- ◊ MARY TYLER MOORE
- ◊ MORK AND MINDY
- ◊ THE LOVE BOAT

- ◊ SATURDAY NIGHT FEVER
- ◊ SCHOOL HOUSE ROCK
- ◊ SEARS TOWER
- ◊ THE SHINING
- ◊ SOYLENT GREEN
- ◊ JAMES TAYLOR
- ◊ TAXI
- ◊ WATERGATE

Hit the Road

```
U D I O R L O S A N G E L E S
N U W U I M A I M L N E P S A
P K O G A C I H C N A O A N D
Y R S T I M A T L I A S R A S
M O A Y F W S U C C O A K P K
E Y N M W E Z Y S F V V C A C
M W D Z W I E C I T N A I V A
P E I Y O L R L F M I N T A D
H N E N V N E V L N B N Y L N
I K G Y N R O M A I I A K L O
S G O A B D A T R N V H R E R
H L A I O U Q E S A O H Z Y I
S E A T T L E Y M O C D S A D
P U E R T O R I C O B B E A A
C D N O T G N I H S A W W S N
```

◊ ADIRONDACKS

◊ ALASKA

◊ ASPEN

◊ AUSTIN

◊ BOSTON

◊ CARMEL

◊ CHICAGO

◊ KEY WEST

◊ LOS ANGELES

◊ MAUI

◊ MEMPHIS

◊ MIAMI

◊ NAPA VALLEY

◊ NASHVILLE

◊ NEW YORK

◊ PARK CITY

◊ PUERTO RICO

◊ SAN DIEGO

◊ SAVANNAH

◊ SEATTLE

◊ SEDONA

◊ SEQUOIA

◊ WASHINGTON, D.C.

◊ ZION

Magic Kingdom

```
F A L P V N D L A Y V D E T A
G U L M A A S E E U C T S H L
O F A A T H O I H L C A U E L
O A Y R D I N R R L S N O H E
F N O T E D A A N E Y A M C R
Y T I E F N I N F Z S O Y T E
O A H H R D I N A N I M E I D
B S C T P E A M H U M P K T N
M I C D V C G O S P B E C S I
U A O N M F S G T A A T I A C
D T N A O P Z N I R J E M S Z
S I I Y W I V A D T M R G O E
G E P D G K H L V W C P A K E
D O N A L D D U C K B A L O O
G L O L I L U M Y B G N V Z D
```

◊ ALADDIN	◊ GOOFY	◊ MULAN
◊ ARIEL	◊ JASMINE	◊ PETER PAN
◊ BALOO	◊ LADY AND THE TRAMP	◊ PINOCCHIO
◊ CINDERELLA	◊ LILO	◊ RAPUNZEL
◊ DONALD DUCK	◊ MICKEY MOUSE	◊ SIMBA
◊ DUMBO	◊ MOANA	◊ STITCH
◊ ELSA	◊ MOWGLI	◊ TIANA
◊ FANTASIA	◊ MR. TOAD	◊ TIGGER

POTUS

```
L R W S N O S I D A M A L K M
O S L H O O V E R R H N E W Y
F B N G S L Z Z U F O N N B E
Z R A D K I K F D S N F O T L
G B M M C N A P L E V N T B N
R G U E A C B I D A W A Y D I
N G R P J O W Y B R T G S P K
O N T A K L T N K E A A I Z C
S I Y N S N A K C T Y E O D M
N D W Y A S A F E R L R I V V
H R N R R U H T R A O E H Y B
O A G S E Y A H E C R E I P U
J H L D S V A N B U R E N G S
S B I D E N C L I N T O N N H
T T C C P B U N O S I R R A H
```

- CHESTER A. ARTHUR
- JOSEPH R. BIDEN
- GEORGE W. BUSH
- JIMMY CARTER
- BILL CLINTON
- GERALD R. FORD
- ULYSSES S. GRANT
- WARREN G. HARDING
- BENJAMIN HARRISON
- RUTHERFORD B. HAYES
- HERBERT HOOVER
- ANDREW JACKSON
- LYNDON B. JOHNSON
- JOHN F. KENNEDY
- ABRAHAM LINCOLN
- WILLIAM MCKINLEY
- JAMES MADISON
- BARACK OBAMA
- FRANKLIN PIERCE
- RONALD REAGAN
- ZACHARY TAYLOR
- HARRY S. TRUMAN
- MARTIN VAN BUREN
- WOODROW WILSON

Leading Ladies

```
S T R E B O R N A V A B U C D
C N R G U W G O H T R H H J N
A U W H L M W S W I M A C O O
P T P H L U N W W I S C B N T
L T D D O I W A T T B F K E G
A E Z E C K N D A U E E V S N
N S W T K A B I R A L I U S I
S S A S D K N R R N U E R N H
I A C L Y S K Y B I A E O A S
V B A R T D T W U S F O N D A
A S R R L H N M K T D E A A W
D E E E G O C R Z O Z Z N M L
B E I I D S G N I N E B A S A
P F R I S Y F S A R A N D O N
V W F A R E R R E F F I E F P
```

◊ AMY ADAMS

◊ JENNIFER ANISTON

◊ ANGELA BASSETT

◊ ANNETTE BENING

◊ HALLE BERRY

◊ SANDRA BULLOCK

◊ LIZZY CAPLAN

◊ JESSICA CHASTAIN

◊ VIOLA DAVIS

◊ ROSARIO DAWSON

◊ AMERICA FERRERA

◊ SALLY FIELD

◊ JANE FONDA

◊ RASHIDA JONES

◊ DIANE LANE

◊ MICHELLE PFEIFFER

◊ JULIA ROBERTS

◊ SAOIRSE RONAN

◊ WINONA RYDER

◊ ZOE SALDANA

◊ SUSAN SARANDON

◊ MERYL STREEP

◊ KERRY WASHINGTON

◊ ROBIN WRIGHT

The City That Never Sleeps

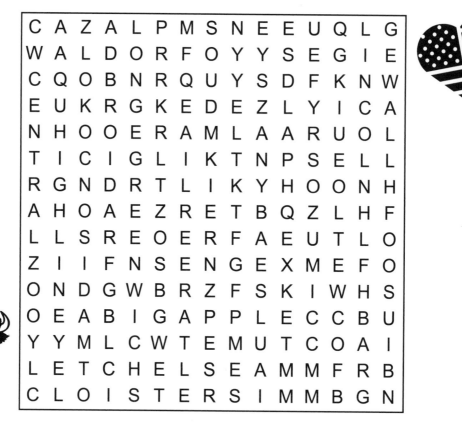

```
C A Z A L P M S N E E U Q L G
W A L D O R F O Y Y S E G I E
C Q O B N R Q U Y S D F K N W
E U K R G K E D E Z L Y I C A
N H O O E R A M L A A R U O L
T I C I G L I K T N P S E L L
R G N D R T L I K Y H O O N H
A H O A E Z R E T B Q Z L H F
L L S R E O E R F A E U T L O
Z I I F N S E N G E X M E F O
O N D G W B R Z F S K I W H S
O E A B I G A P P L E C C B U
Y Y M L C W T E M U T C O A I
L E T C H E L S E A M M F R B
C L O I S T E R S I M M B G N
```

◊ APOLLO THEATER

◊ BRONX ZOO

◊ CENTRAL PARK

◊ CHELSEA

◊ CLOISTERS

◊ FLATIRON BUILDING

◊ GREENWICH VILLAGE

◊ LINCOLN CENTER

◊ LONG ISLAND

◊ MADISON AVENUE

◊ QUEENS

◊ RADIO CITY MUSIC HALL

◊ ROCKEFELLER CENTER

◊ SOHO

◊ STATUE OF LIBERTY

◊ TAXICAB

◊ THE BIG APPLE

◊ THE HIGH LINE

◊ THE MET

◊ THE PLAZA HOTEL

◊ THE YANKEES

◊ TIMES SQUARE

◊ WALDORF ASTORIA

◊ WALL STREET

FLOTUS

```
N N I L S P U T F N R O T R G
E G K A M L B Z A V K D U V A
R K L O R E N Y W F E H C W R
U M Z N C H E I L I T C A A F
B S Y P O L W F X R O M R H I
N S G S N T V K A O S A T A E
A V U I M Y N O L Y N D E Y L
V K K S V A E I A O D I R E D
O C R V P N D C L N P S Y S G
M B E L S G L A R C T O D S N
Z U A D E H O O V E R N E L I
L N G M I O O H C M I K N I D
E P A L A V Y A S N O P N N R
Y U N C K F O R D U I R E E A
G T K N O S K C A J B L K R H
```

◇ ABIGAIL ADAMS

◇ ELLEN ARTHUR

◇ LAURA BUSH

◇ ROSALYNN CARTER

◇ HILLARY CLINTON

◇ GRACE COOLIDGE

◇ BETTY FORD

◇ LUCRETIA GARFIELD

◇ FLORENCE HARDING

◇ LUCY HAYES

◇ LOU HOOVER

◇ RACHEL JACKSON

◇ JACQUELINE KENNEDY

◇ HARRIET LANE

◇ MARY TODD LINCOLN

◇ IDA MCKINLEY

◇ DOLLY MADISON

◇ PATRICIA NIXON

◇ MICHELLE OBAMA

◇ JANE PIERCE

◇ SARAH POLK

◇ NANCY REAGAN

◇ HELEN TAFT

◇ HANNAH VAN BUREN

Monumental Monuments

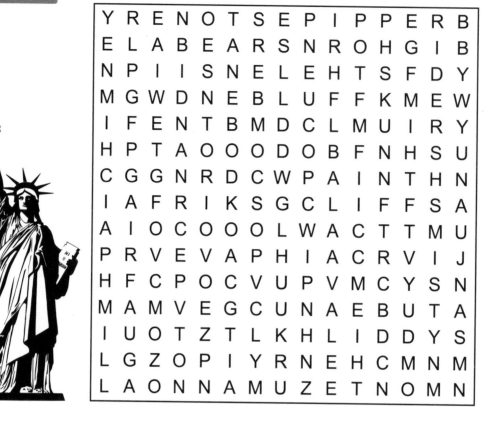

```
Y R E N O T S E P I P P E R B
E L A B E A R S N R O H G I B
N P I I S N E L E H T S F D Y
M G W D N E B L U F F K M E W
I F E N T B M D C L M U I R Y
H P T A O O O D O B F N H S U
C G G N R D C W P A I N T H N
I A F R I K S G C L I F F S A
A I O C O O L W A C T T M U
P R V E V A P H I A C R V I J
H F C P O C V U P V M C Y S N
M A M V E G C U N A E B U T A
I U O T Z T L K H L I D D Y S
L G Z O P I Y R N E H C M N M
L A O N N A M U Z E T N O M N
```

- ◇ AGATE FOSSIL BEDS
- ◇ AGUA FRIA
- ◇ AZTEC RUINS
- ◇ BEARS EARS
- ◇ CAPULIN VOLCANO
- ◇ CHIMNEY ROCK
- ◇ DEVILS TOWER
- ◇ EL MORRO

- ◇ FORT MCHENRY
- ◇ FREEDOM RIDERS
- ◇ LAVA BEDS
- ◇ LITTLE BIGHORN
- ◇ MILL SPRINGS
- ◇ MISTY FJORDS
- ◇ MONTEZUMA CASTLE
- ◇ MOUNT ST. HELENS

- ◇ MUIR WOODS
- ◇ PIPESTONE
- ◇ POVERTY POINT
- ◇ RAINBOW BRIDGE
- ◇ SAN JUAN ISLANDS
- ◇ SCOTTS BLUFF
- ◇ VERMILION CLIFFS
- ◇ YUCCA HOUSE

Poet Laureates

```
U O L S L L K Z B V C E D U K
H N M B M L C H Y H N C S U N
A Y T G K A U Y D Z I A T H S
J T Z N B H L H M M H F Y C E
A M T E E R G E I U R A O R C
C E I K A K R S V I N L R M O
K N N L E M I A N O L K P J A
S D U Y E E N A W I D S I C O
O E K R N D G Z N I N G N F R
N Z W I U J B S V I I P S O E
V I V Y O S F G D B T U K R S
N E N M L G A E S C O A Y M O
L R T A T E R O D A H S A P O
P O H S I B N M Y N E D Y I K
F R D O N Y K W V E A T N R P
```

◊ LEONIE ADAMS   ◊ DONALD HALL   ◊ ANIS MOJGANI

◊ CONRAD AIKEN   ◊ JOY HARJO   ◊ ROBERT PINSKY

◊ ELIZABETH BISHOP   ◊ ANGELA JACKSON   ◊ KAY RYAN

◊ TINA CANE   ◊ TED KOOSER   ◊ CHARLES SIMIC

◊ BILLY COLLINS   ◊ STANLEY KUNITZ   ◊ JAY SNIDER

◊ RITA DOVE   ◊ PHILIP LEVINE   ◊ ALLEN TATE

◊ ANDREA GIBSON   ◊ LUPE MENDEZ   ◊ LAURA TOHE

◊ LOUISE GLUCK   ◊ W.S. MERWIN   ◊ MONA VAN DUYN

City of Angels

```
A H L F S L K V B O K V A K G
C T C T W M A Y F E B D L I F
I I P O E M O S E M A F B N Z
N F B E R C I F I C A P B G C
O F M C I Y R U B D A R B S M
M I E I H B D S O S R E K A L
A R L N S D L O U E D B U E G
T G R E L L T O D O D A A T T
N E O V I W O R F G R O O B Y
A F S H W Y N D L F E H R L N
S T E N T U D E I O C R A T Y
A V B T U U U P G E Y B S B W
T U E L O S M N H O R B E L L
F G T B U Z E A T E D B E M S
S R E L B C W S A C H A V E Z
```

ANGELS FLIGHT

BEVERLY HILLS

BRADBURY BUILDING

CHAVEZ RAVINE

ECHO PARK

GRAND CENTRAL MARKET

GRIFFITH OBSERVATORY

HOLLYWOOD BOWL

KOREAN FRIENDSHIP BELL

LA BREA TAR PITS

LOS ANGELES DODGERS

LOS ANGELES LAKERS

LOS ANGELES KINGS

MELROSE AVENUE

PACIFIC OCEAN

POINT DUME

RODEO DRIVE

SAN PEDRO

SANTA MONICA PIER

SUNSET STRIP

THE GETTY CENTER

VENICE BEACH

WALK OF FAME

WILSHIRE BOULEVARD

You're a Gem
(State Gemstones and Minerals)

```
B E N E N I L A M R U O T Z R
E E D F Y G E T A G A G T T V
R T L A O T N L G O R C S E B
Y I T L J R U G U S P Y M T L
L N D H T E N R A G H L N I T
M A M T U O T P Q T B L I N L
L R M A I N P I E U Z M I E V
I G H C R H D M X O O L F W B
M Z L O I B A E A U F I V O E
E V R R D T L Z R V A Z S B M
S A E L A O C E T E D B E E E
T O P A Z P N M H R G T E T R
O S S H R T N I L S A G R D A
N D I A M O N D T L B U N D L
E T I N E L E S S E D N Q P D
```

◊ AGATE

◊ AMETHYST

◊ BAUXITE

◊ BERYL

◊ BOWENITE

◊ COAL

◊ DIAMOND

◊ EMERALD

◊ FLINT

◊ GARNET

◊ GOLD

◊ GRANITE

◊ JADE

◊ LIMESTONE

◊ MARBLE

◊ QUARTZ

◊ RHODONITE

◊ SAPPHIRE

◊ SELENITE

◊ SLATE

◊ THUNDEREGG

◊ TOPAZ

◊ TOURMALINE

◊ TURQUOISE

Yankeeland

```
X O S D E R Z E K V N S Z Y R
O V E R M O N T P G Y T G M I
R R V F E I C Y U R S H B A B
Y G S D A W S P U E E B A R B
H H O M W S T P M I S O M T O
A H A U G U S T A K P S S H N
R A S R T S L H L L D T E A D
V M F R B U H Y C O O O E S R
A P B E E O V A N I F N R W O
R S E T N P R U R V W Y W C C
D H A S S W T T G T C D S F N
D I N B W S A M H O F C N R O
G R S O A P D Y A Z A O R A C
H E H L N F H S A A B A R C S
O T S T M W T W H C H W N D O
```

- ◊ AUGUSTA
- ◊ BAKED BEANS
- ◊ BAR HARBOR
- ◊ BOSTON CREAM PIE
- ◊ CLAM CHOWDER
- ◊ CONCORD
- ◊ CRAB
- ◊ DUNKIN' DONUTS

- ◊ EAST COAST
- ◊ FENWAY PARK
- ◊ FLUFFERNUTTER SANDWICH
- ◊ HARTFORD
- ◊ HARVARD UNIVERSITY
- ◊ LOBSTER
- ◊ MAINE
- ◊ MAPLE SYRUP

- ◊ MARTHA'S VINEYARD
- ◊ NEW HAMPSHIRE
- ◊ PATRIOTS
- ◊ RED SOX
- ◊ RHODE ISLAND
- ◊ SWAN BOAT
- ◊ THIN RIBBON CANDY
- ◊ VERMONT

SCOTUS

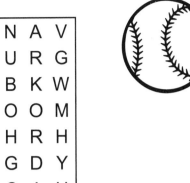

```
L Y W H R E T N A V E D N A V
M M A W D Z O G I N S B U R G
I B A R B O U R T K T T B K W
N E S D G N E Z A Y E R O O M
T T Y O W L O G F V V H H R H
O G V T A F A S T A E Y G D Y
N R C I B N O K K B N K C I H
P E N S E N R Y B C S Z H V E
A B E F K W L R N C A W A I Z
T D R N S B E M T A N J S N R
E L R W F Y H U C G L A E S C
R O A O E W O O D B U R Y O P
S G W R T H U R G O O D A N Y
O I M B F U R E K A T T I H W
N C D S H T R O W S L L E I D
```

- PHILLIP PENDLETON BARBOUR
- STEPHEN G. BREYER
- HENRY BILLINGS BROWN
- JAMES FRANCIS BYRNES
- SALMON PORTLAND CHASE
- OLIVER ELLSWORTH
- RUTH BADER GINSBURG

- ARTHUR JOSEPH GOLDBERG
- HORACE GRAY
- JOHN MARSHALL HARLAN
- KETANJI BROWN JACKSON
- ELENA KAGAN
- SHERMAN MINTON
- ALFRED MOORE
- WILLIAM PATERSON
- JOHN PAUL STEVENS

- JOSEPH STORY
- WILLIAM HOWARD TAFT
- MARSHALL THURGOOD
- WILLIS VAN DEVANTER
- FRED MOORE VINSON
- EARL WARREN
- CHARLES EVANS WHITTAKER
- LEVI WOODBURY

Holiday... Celebrate!

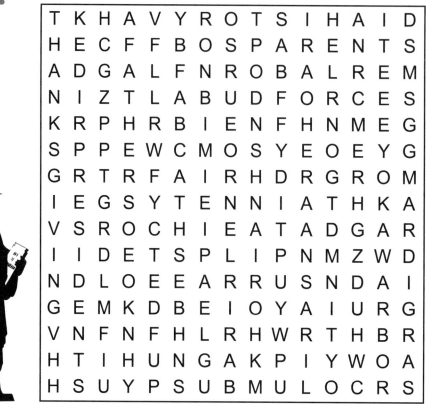

```
T K H A V Y R O T S I H A I D
H E C F F B O S P A R E N T S
A D G A L F N R O B A L R E M
N I Z T L A B U D F O R C E S
K R P H R B I E N F H N M E G
S P P E W C M O S Y E O E Y G
G R T R F A I R H D R G R O M
I E G S Y T E N N I A T H K A
V S R O C H I E A T A D G A R
I I D E T S P L I P N M Z W D
N D L O E E A R R U S N D A I
G E M K D B E I O Y A I U R G
V N F N F H L R H W R T H B R
H T I H U N G A K P I Y W O A
H S U Y P S U B M U L O C R S
```

- APRIL FOOLS' DAY
- ARAB AMERICAN HERITAGE MONTH
- ARBOR DAY
- ARMED FORCES DAY
- BLACK HISTORY MONTH
- CINCO DE MAYO
- COLUMBUS DAY
- ELECTION DAY

- FATHER'S DAY
- FLAG DAY
- GROUNDHOG DAY
- HISPANIC HERITAGE MONTH
- INDEPENDENCE DAY
- KWANZAA
- LABOR DAY
- MARDI GRAS

- MEMORIAL DAY
- MOTHER'S DAY
- PARENTS' DAY
- PRESIDENTS' DAY
- PRIDE MONTH
- THANKSGIVING DAY
- VETERANS' DAY
- WOMEN'S HISTORY MONTH

Weird America

```
D R E E B K N R E I N D E E R
D E R B Y K C A J R E B M U L
E S U O H T U O K K Y W L V F
S R U P V W S D R E S T O S G
B G H C D T E S A N D P G M I
L L A B R E V O O H H W R R I
O N Y I Z A G E E F D O O S K
B L C S D U S F R E U N L L L
F H M U H M I O E S I M L E M
E L R U H W Z S T N S E I D O
S R E D N E C K G T R E N D N
T N F I N R A I Z T O L G O S
M C I D R A O B D R A C D G T
T B K W R E T S B O L P L H E
S O V F T E L L U M O Y D F R
```

- ◊ BEER PONG
- ◊ BLOBFEST
- ◊ CARDBOARD BOAT RACE
- ◊ CORNHOLE
- ◊ EXTREME IRONING
- ◊ FROZEN DEAD GUY DAYS
- ◊ HOOVERBALL
- ◊ HUBCAP HURL

- ◊ INTERSTATE MULLET TOSS
- ◊ LOBSTER CRATE RACE
- ◊ LOGROLLING
- ◊ LUMBERJACK CHAMPIONSHIPS
- ◊ MONSTER TRUCK RALLY
- ◊ NAKED SPORTS
- ◊ OSTRICH RACING

- ◊ OUTHOUSE RACES
- ◊ RED NECK GAMES
- ◊ ROLLER DERBY
- ◊ RUNNING OF THE REINDEER
- ◊ SEED SPITTING
- ◊ SLED DOG RACING
- ◊ SUDS ON THE RUN
- ◊ TWINS DAYS FESTIVAL
- ◊ WIFE CARRYING

Native American Peoples

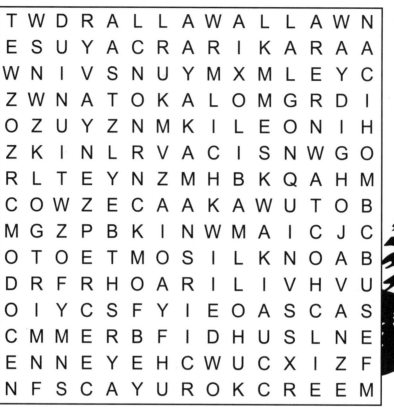

```
T W D R A L L A W A L L A W N
E S U Y A C R A R I K A R A A
W N I V S N U Y M X M L E Y C
Z W N A T O K A L O M G R D I
O Z U Y Z N M K I L E O N I H
Z K I N L R V A C I S N W G O
R L T E Y N Z M H B K Q A H M
C O W Z E C A A K A W U T O B
M G Z P B K I N W M A I C J C
O T O E T M O S I L K N O A B
D R F R H O A R I L I V H V U
O I Y C S F Y I E O A S C A S
C M M E R B F I D H U S L N E
E N N E Y E H C W U C X I Z F
N F S C A Y U R O K C R E E M
```

◊ ALGONQUIN
◊ ARIKARA
◊ BILOXI
◊ CAYUSE
◊ CHEROKEE
◊ CHEYENNE
◊ CHOCTAW
◊ CREE

◊ INUIT
◊ LAKOTA
◊ MAIDU
◊ MESKWAKI
◊ MODOC
◊ MOHICAN
◊ NAVAJO
◊ NEZ PERCE

◊ OMAHA
◊ SALINAN
◊ SAUK
◊ SIOUX
◊ WALLA WALLA
◊ WIYOT
◊ YAKAMA
◊ YUROK

Adult Beverages

```
S E S Z N A T T A H N A M L F
H N I I P I N A C O L A D A I
R O R A D N A M A R R F Y Y F
I T B M T E Z V O Y C M E M C
U S D I O I C S I D G A K I B
T Y H C F H A A H A O R C L Y
T E S H I W V M R G T T I L U
L K R E S I E W D U B I R E E
E S G L C S E T A N T N O R N
U I T O J U L E P R A I F N G
M H G B D A I Q U I R I R Y L
A W E N A C I R R U H E U G I
S R O O C H M A U M T N I A N
U U T H A R P O O N K E H S G
K S N I L L O C S A Z E R A C
```

◇ AVIATION
◇ BLOODY MARY
◇ BUDWEISER
◇ COORS
◇ DAIQUIRI
◇ DIRTY MARTINI
◇ GIN RICKEY
◇ HARPOON IPA

◇ HURRICANE
◇ KEYSTONE
◇ MAI TAI
◇ MANHATTAN
◇ MICHELOB ULTRA
◇ MILLER HIGH LIFE
◇ MINT JULEP
◇ PABST BLUE RIBBON

◇ PINA COLADA
◇ SAMUEL ADAMS
◇ SAZERAC
◇ SIDECAR
◇ SIERRA NEVADA
◇ TOM COLLINS
◇ WHISKEY SOUR
◇ YUENGLING

Great American Novelists

```
C K S E C D S T E I N B E C K
W G F R E H E T C A T H E R I
D L A G E I O M E Z L L U D R
G N C L G P O L T E N C O I I
E S L O A G L T S W I H O M N
Z E M C C I S E O L A C T T O
R M F O V O L A O L H I D U T
E A D L R L N M L A V A N P R
N J E E I R L N N I O C M D A
K M G S L O I D O N N L O I H
L N O M N I L S H R N G E K W
U N Z D B E L L O W E R E E N
A R O N R V I L A N G I O R K
F N P E W G D F O P U P T K W
M C C A R T H Y B G T S Y L Y
```

◊ LOUISA MAY <u>ALCOTT</u>

◊ SAUL <u>BELLOW</u>

◊ TRUMAN <u>CAPOTE</u>

◊ WILLA <u>CATHER</u>

◊ RAYMOND <u>CHANDLER</u>

◊ STEPHEN <u>CRANE</u>

◊ DON <u>DELILLO</u>

◊ RALPH <u>ELLISON</u>

◊ WILLIAM <u>FAULKNER</u>

◊ JOSEPH <u>HELLER</u>

◊ HENRY <u>JAMES</u>

◊ HARPER <u>LEE</u>

◊ JACK <u>LONDON</u>

◊ ANITA <u>LOOS</u>

◊ CORMAC <u>MCCARTHY</u>

◊ HERMAN <u>MELVILLE</u>

◊ TONI <u>MORRISON</u>

◊ FLANNERY <u>O'CONNOR</u>

◊ J.D. <u>SALINGER</u>

◊ JOHN <u>STEINBECK</u>

◊ MARK <u>TWAIN</u>

◊ JOHN <u>UPDIKE</u>

◊ EDITH <u>WHARTON</u>

◊ KURT <u>VONNEGUT</u>

Use the Force

```
I W C N D H A B O G A D G T A
B P R A A F C M I O U U Y H B
O F E V R U A U A Y G O G E J
N I T P T R T L A H O A U D I
E G H T H Z E W C N R C E R N
K O G A T K M M O O G C S M N
K A I T R E B E L D N A V A H
Y C F O O E F C N K C B Y T V
F P R O O D K Y O D A W A R I
O Z A I A I E L J G O E T A Z
B T T N B V U E A A D H H B P
I E S E F A O T R W B C M K H
N W L F M I F L N G Y B N C N
K O I N Y I N R O L Y K A A V
S K A A T Z Y N F S T A S H P
```

◇ ADMIRAL ACKBAR

◇ BOBA FETT

◇ CHEWBACCA

◇ DAGOBAH

◇ DARTH VADER

◇ DEATH STAR

◇ EWOK

◇ FINN

◇ GREEDO

◇ GROGU

◇ HAN SOLO

◇ JABBA THE HUT

◇ JAR JAR BINKS

◇ KYLO REN

◇ LUKE SKYWALKER

◇ MAUL

◇ MILLENNIUM FALCON

◇ OBI-WAN KENOBI

◇ PRINCESS LEIA

◇ THE REBEL ALLIANCE

◇ STARFIGHTER

◇ TATOOINE

◇ QUI-GON JINN

◇ YODA

Higher Learning

```
Y E L E K R E B N W O R B W D
U P R I N C E T O N Y A L E U
G F O N I F N D S N I K P O H
E K I R T I O U U I C H V C Y
O Z H E C U R K A O O V D L R
R C O D I G Y E L S E L L E W
G D A R T M O U T H B G L M S
E Y R O M E M C Z H O V W S T
T P Z R G B H T U L A N E O A
O W I Z I A C A L P O L Y N N
W O M A R S Y R A C U S E O F
N H L V L L E N R O C Y T I O
D R A W O H U H D I Z S H Z R
V R H E M A D E R T O N T I D
D T F O R D H A M B I N Y F H
```

◊ BERKELEY

◊ BOSTON UNIVERSITY

◊ BROWN

◊ CAL POLY

◊ CLEMSON

◊ COLUMBIA

◊ CORNELL

◊ DARTMOUTH

◊ DUKE

◊ EMORY

◊ FORDHAM

◊ GEORGETOWN

◊ JOHNS HOPKINS

◊ HARVARD

◊ HOWARD

◊ NOTRE DAME

◊ OHIO STATE

◊ PRINCETON

◊ RICE

◊ STANFORD

◊ SYRACUSE

◊ TULANE

◊ WELLESLEY

◊ YALE

Symbols with Meaning

```
M E L C B F R U S H M O R E N
A H I O H H T U O M Y L P I P
Y Y B N C U T R Z G K E C E
F B E S H O S Z I D G T A S O
L M R T P E T I H W A C A M P
O A T I F G Y F H E T N P O L
W Z Y T B A F I M S E D I K E
E E O U D G T M A E W V O E A
R V K T K V N H S P A Y G Y L
U A N I B D A W E I Y O L S G
K G Y O D D Y W L R I G H T S
O C K N S K N Z C T S B R E B
L A M E V I U C N S B U T B E
O E A G L E B H U P S I O K L
U L N F R O S I E T H R F T L
```

◊ BALD EAGLE

◊ BETSY ROSS

◊ BILL OF RIGHTS

◊ BISON

◊ CONSTITUTION

◊ DANIEL BOONE

◊ FOUNDING FATHERS

◊ GATEWAY ARCH

◊ GREAT SEAL

◊ IN GOD WE TRUST

◊ LIBERTY BELL

◊ MAYFLOWER

◊ MOUNT RUSHMORE

◊ OAK TREE

◊ PAUL BUNYAN

◊ PLYMOUTH ROCK

◊ POTUS

◊ ROSIE THE RIVETER

◊ SMOKEY THE BEAR

◊ STARS AND STRIPES

◊ STATUE OF LIBERTY

◊ UNCLE SAM

◊ WE THE PEOPLE

◊ WHITE HOUSE

City of Brotherly Love

```
R E C N E D N E P E D N I U F
I U O O M R S E L G A E Z M S
E A N S N V G U P B E T S Y H
S F G W N S K M B E O P L F T
U R R P I I T H O S R L O V E
O A E V E Z L I U E M R O R R
H N S O F Y Z L T H E A T E F
N K S F T D T Z I U Z O D K L
E L W O O C E R A G T C N A E
T I U U S L V L E K C I F U E
T N V N N B G C A B F M O Q Y
I F E D H M R I U W I M T N S
R P H I L L Y T E B A L B O A
L E R N S R E Y L F Z R V A G
E K W G N O I T U L O V E R M
```

- ◇ JOHN ADAMS
- ◇ AMERICAN REVOLUTION
- ◇ ROCKY BALBOA
- ◇ BETSY ROSS HOUSE
- ◇ CONSTITUTION
- ◇ CONTINENTAL CONGRESS
- ◇ DELAWARE RIVER
- ◇ EAGLES

- ◇ ELFRETH'S ALLEY
- ◇ FLYERS
- ◇ FOUNDING FATHERS
- ◇ BENJAMIN FRANKLIN
- ◇ HEAT
- ◇ INDEPENDENCE HALL
- ◇ LOVE PARK
- ◇ LIBERTY BELL

- ◇ MCGILLIN'S OLDE ALE HOUSE
- ◇ WILLIAM PENN
- ◇ EDGAR ALLEN POE
- ◇ PHILLY CHEESESTEAK
- ◇ QUAKER CITY
- ◇ RITTENHOUSE SQUARE
- ◇ SOFT PRETZEL
- ◇ WORLD HERITAGE CITY

Movers and Shakers

```
B O E A A C P S P D S Y C W G
V G E B F U L T O N T A P I O
O O L E N A R C K E E R W P G
M O L T V R E C M D S G O Y K
M D O G H W P N R I L N O L W
L E E M D G M H O S A Y D L H
G A V A G O I R F O R D S E I
G R M M S T N R E N B Z R N T
H N N A C T W O W I K K E N N
K T K P R S M T V B R R T O E
K E A S D R L A M A E R S C Y
Z F E B M D F I N K N N A Y U
H A R R I S L E R D H Y M C O
O M O R S E H A Z O B G G Y H
E I I D S K P S J K W O L E K
```

◊ PATRICIA BATH

◊ SARAH BOONE

◊ WILLIS CARRIER

◊ MARGARET CRANE

◊ ANNA CONNELLY

◊ MARION DONOVAN

◊ GEORGE EASTMAN

◊ THOMAS EDISON

◊ HENRY FORD

◊ ROBERT FULTON

◊ SARAH E. GOODE

◊ WILLIAM GRAY

◊ ARLENE HARRIS

◊ LONNIE JOHNSON

◊ STEPHANIE KWOLEK

◊ HEDY LAMARR

◊ SYBILLA MASTERS

◊ ALEXANDER MILES

◊ SAMUEL F.B. MORSE

◊ ALICE H. PARKER

◊ NIKOLA TESLA

◊ ELI WHITNEY

◊ GRANVILLE WOODS

◊ WRIGHT BROTHERS

The Golden State

```
D E S Y C C P C A R Y T H L C
L G E E I E T I M E S O Y I K
R D H R K O D H F A N S Z A B
O I C E N Z Y A W H G I H U E
W R A T D G M U R H G N N Q A
T B E N I E I G A P C E A L Y
L Z B O S E C S E L P V C Y N
U D U M N Y V H B H H A K A I
H B T D E N P A A A T D P H T
P O P P Y H S O J R T A H O E
D P U L L E R T A O G G E C S
C P A Y A A W Z A U M E K D N
W L O M N R F I T U H T R P U
G S S G D S E A N G E L E S S
V I E T B T B D A E E I K L I
```

- ◊ ALCATRAZ
- ◊ BIG BEAR
- ◊ BEACHES
- ◊ CHARGERS
- ◊ DEATH VALLEY
- ◊ DISNEYLAND
- ◊ GOLDEN GATE BRIDGE
- ◊ HEARST CASTLE
- ◊ HOLLYWOOD SIGN
- ◊ LAKE TAHOE
- ◊ LOS ANGELES
- ◊ MOJAVE DESERT
- ◊ MONTEREY
- ◊ NAPA
- ◊ ORANGE COUNTY
- ◊ PACIFIC COAST HIGHWAY
- ◊ POPPY
- ◊ QUAIL
- ◊ SEA WORLD
- ◊ SIERRA NEVADA
- ◊ SUNSET BOULEVARD
- ◊ WALK OF FAME
- ◊ WINE COUNTRY
- ◊ YOSEMITE NATIONAL PARK

Native Fauna

```
O W Y U N U O R C B I I F S M
U C W O M L B B A W H D L R A
W H S O E G C G P G V F H E L
I I N A L S H R E W U S Z V I
B P A C P F F B F Z G O Y A G
P M G O D E I R I A R P C E U
H U M M I N G B I R D D E B N
M N F C O N D O R T E Z H L I
O K M T W H S M E L G A E W K
U L C L I H A N A R B I K G D
S S A S E B R V E N M O N K D
E E E V K B H I T A O C I B
S Y P F C W P A A M F T G L E
L M O M O O S E R G H F E T A
S X D Z G W O O D P E C K E R
```

◊ ACORN <u>WOODPECKER</u>

◊ ALPINE <u>CHIPMUNK</u>

◊ BALD <u>EAGLE</u>

◊ <u>BEAVER</u>

◊ BIGHORN <u>SHEEP</u>

◊ <u>BISON</u>

◊ BLACK <u>BEAR</u>

◊ CALIFORNIA <u>CONDOR</u>

◊ <u>COATI</u>

◊ <u>COUGAR</u>

◊ <u>ELK</u>

◊ <u>FOX</u>

◊ <u>GILA</u> MONSTER

◊ GOLDEN <u>MOUSE</u>

◊ HAWAIIAN <u>MONK</u> SEAL

◊ <u>HUMMINGBIRD</u>

◊ <u>MANATEE</u>

◊ MARYLAND <u>SHREW</u>

◊ <u>MOOSE</u>

◊ <u>PRAIRIE DOG</u>

◊ PYGMY <u>RABBIT</u>

◊ RED <u>WOLF</u>

◊ <u>SEAL</u>

◊ WESTERN POCKET <u>GOPHER</u>

Land of the Midnight Sun

```
F A K A I D O K O K K P S S R
Z I H L S F O G P S M L N E U
B S S C Y U K O N O P L I A D
K I A H C A U R O R A C E P R
L A W T I Y U S M C A N B L A
V N D B T N E M A L U N F A W
B M E D C B G Y G J Y H G N E
E A N Y R E G E H U S K Y E S
R I A S A N S T E N H N R H W
I L L V I S T N D C K E N A I
N I I H A O O F A H I P W V M
G Z S G A N Y G A L L I S A W
V U N A I T U E L A N E I V G
M O L E L H E T U M A L A M O
T C Z L C I D I T A R O D L U
```

◊ ALEUTIAN CHAIN

◊ ARCTIC CIRCLE

◊ AURORA BOREALIS

◊ BENNY BENSON

◊ BERING STRAIT

◊ CHUGACH

◊ DENALI

◊ DOG MUSHING

◊ FISHING BOAT

◊ FORT YUKON

◊ GLACIER BAY

◊ IDITAROD SLED DOG RACE

◊ JUNEAU

◊ KENAI FJORDS

◊ KODIAK

◊ LAKE ILIAMNA

◊ MALAMUTE

◊ MOOSE

◊ POLAR BEAR

◊ SEAPLANE

◊ SEWARD HARBOR

◊ SIBERIAN HUSKY

◊ TONGASS NATIONAL FOREST

◊ WASILLA

Voices in Media

```
W M P H D T N B L L D P F T Z
A A Z C O O P E R L V V M T D
L H E G Y V D S K O I Z K I R
T A N E I M C F G C K M K W A
E R G I U G G G W N N A A E W
R G L R W I W Y N K I E W H D
S A R Z P D E I F F O N M T O
Z O S M U L L H Y E R P N T O
W O V M D S E A C L V F P E W
T S L A E G C W B K K T P L J
D W R R F Y B A K E R R Y T E
N B B Y E L K N I R B M L R A
E P L E T K G U M B E L E A F
R A T H E R D L A W H C U B G
A N D P I E S E T I K N O R C
```

◊ HANNAH ARENDT   ◊ ART BUCHWALD   ◊ PETER JENNINGS

◊ RUSSELL BAKER   ◊ ANDERSON COOPER   ◊ TED KOPPLE

◊ JAMES BALDWIN   ◊ WALTER CRONKITE   ◊ H.L. MENCKEN

◊ DONALD L. BARTLETT ◊ CLAY FELKER   ◊ EDWARD R. MURROW

◊ ED BRADLEY   ◊ BRYANT GUMBEL   ◊ ERNIE PYLE

◊ JIMMY BRESLIN   ◊ KATHARINE GRAHAM ◊ DAN RATHER

◊ DAVID BRINKLEY   ◊ PETE HAMILL   ◊ BARBARA WALTERS

◊ TOM BROKAW   ◊ DON HEWITT   ◊ BOB WOODWARD

Windy City

```
L L S D D P E D I S H T U O S
K B C D O D R I F U G N M H O
D G R H R D E B I G Z Y I W T
Z Y A F I A U H W R I G L E Y
F R J K K N Y O S W F I E O D
E Y V A N P A G L O N Y A G Y
A P P I C S M T W C E D Y H N
R B O N Y K I H O L Y C U B S
T O I S N I S L U W I C K E R
H B B T Y E N O L M N O W F O
E E G I F E E A N I B B R G R
B A C T E L T T I L W O R V H
E R M U S I C B O X L D L S Y
A S Y T K C E D Y K S A W D C
N F I E L D G W Y R L K Y W T
```

◇ ART INSTITUTE
◇ BACK OF THE YARDS
◇ BEARS
◇ CHINATOWN
◇ CLOUD GATE
◇ CUBS
◇ FIELD MUSEUM
◇ HUMBOLDT PARK

◇ HYDE PARK
◇ JACKSON PARK
◇ LINCOLN PARK
◇ LITTLE VILLAGE
◇ MAGNIFICENT MILE
◇ MUSIC BOX THEATRE
◇ NAVY PIER
◇ O'HARE AIRPORT

◇ ROBIE HOUSE
◇ SHEDD AQUARIUM
◇ SKYDECK CHICAGO
◇ SOUTH SIDE
◇ THE BEAN
◇ WICKER PARK
◇ WILLIS TOWER
◇ WRIGLEY FIELD

The Sunshine State

```
S E L I D O C O R C K W W H A
L N P S M E L A D R E D U A L
A L L I G A T O R S Y P F A F
C S A H T Y I R V T W Z C L V
P A M N G A A M G C E E M O M
A G A I O T L W L U S L A C T
N U N N O T Y L G P T E N A T
H T G N T A Y E A N Z Y A S S
A R R M A B A A N H I P T N M
N O O O M R K C D S A M E E A
D T V K P M A G I C I S E P R
L S E N A C I R R U H D S H S
E D S N I H P L O D U S P E H
H C A E B V S S A R G W A S E
E V E R G L A D E S S P M E S
```

◊ ALLIGATORS

◊ BOCA RATON

◊ CROCODILES

◊ DAYTONA

◊ DOLPHINS

◊ DRY TORTUGAS

◊ EPCOT

◊ EVERGLADES

◊ FORT LAUDERDALE

◊ ERNEST HEMINGWAY

◊ HURRICANES

◊ KEY WEST

◊ MANATEES

◊ MANGROVES

◊ MARSHES

◊ MIAMI

◊ ORLANDO MAGIC

◊ PANHANDLE

◊ PENSACOLA

◊ SAWGRASS

◊ SOUTH BEACH

◊ TALLAHASSEE

◊ TAMPA BAY

◊ WALT DISNEY WORLD

The Big Easy

```
W H S R A C T E E R T S C R G
A K C T Z C R E O L E B A N P
R K A N E G C R Z L W I Y H H
D O L S E N I L A R P R F Y I
M O O C E R G K Y B K T K I M
M C N D R P F I O K L H P C I
A W H F O A O U E J W P W R T
R G Y P K O R B A B I L C A N
D U O Y A B V M O S P A A W E
I T S Y O R B C S Y L C J F C
G M M N D A I I O T M E U I S
R U Y Z L L S S B N R O N S E
A Y M A N S G P H Z G O N H R
S F Y B I I J A C K S O N D C
Y A U M O G O V O I Y N A G E
```

LOUIS ARMSTRONG

BAYOU

BEIGNET

BIRTHPLACE OF JAZZ

BOURBON STREET

CAFÉ DU MONDE

CAJUN

CONGO SQUARE

CRAWFISH

CREOLE CUISINE

CRESCENT CITY

FRENCH QUARTER

GUMBO

JACKSON SQUARE

JAMBALAYA

MARDI GRAS

MISSISSIPPI RIVER

NOLA

PARISH

PRALINES

PO-BOY

STREETCAR

VOODOO

WARD

Extra, Extra!

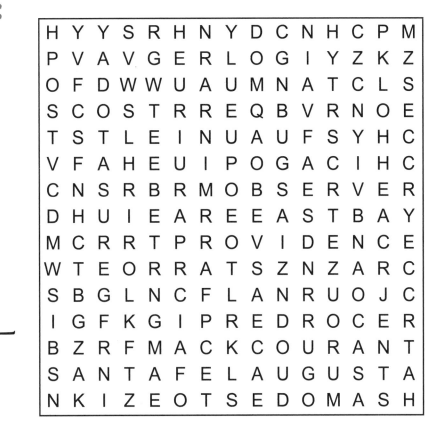

```
H Y Y S R H N Y D C N H C P M
P V A V G E R L O G I Y Z K Z
O F D W W U A U M N A T C L S
S C O S T R R E Q B V R N O E
T S T L E I N U A F S Y H C
V F A H E U I P O G A C I H C
C N S R B R M O B S E R V E R
D H U I E A R E E A S T B A Y
M C R R T P R O V I D E N C E
W T E O R R A T S Z N Z A R C
S B G L N C F L A N R U O J C
I G F K G I P R E D R O C E R
B Z R F M A C K C O U R A N T
S A N T A F E L A U G U S T A
N K I Z E O T S E D O M A S H
```

- ANCHORAGE DAILY NEWS
- ARIZONA DAILY STAR
- AUGUSTA CHRONICLE
- BERKSHIRE EAGLE
- BOSTON HERALD
- CHICAGO TRIBUNE
- THE DAILY COURIER
- EAST BAY TIMES
- FAYETTEVILLE OBSERVER

- KENNEBEC JOURNAL
- HARTFORD COURANT
- MODESTO BEE
- PHILADELPHIA INQUIRER
- THE PROVIDENCE JOURNAL
- THE RECORDER
- RUTLAND HERALD
- SACRAMENTO BEE

- SAN FRANCISCO CHRONICLE
- SANTA FE NEW MEXICAN
- STAR TRIBUNE
- TAMPA BAY TIMES
- WALL STREET JOURNAL
- WASHINGTON POST
- USA TODAY

The 1980s

```
I U B B K B G B F W A L M O M
C P E G V R E I V R S L M I U
A R A I Z R N N R E A G A N R
I M R R S R Z I A C K G V U U
V P S D O I Z N K T M F G W D
O C I B V I D E O S A D T L H
J K C A P C E A E S A R N H E
N M S I H K C G N R K H S U B
O W V E A O N R U N U C A L R
B A E S A I I I W R O T A W G
O R E I P T R B H S N D U J A
S M A M T O P G U N I C A F E
Z S I X T E E N M F A C L M P
L R F G D M T F T T R F P U V
C T E N A U Q A V N T C A P B
```

◊ AQUA NET

◊ BACK TO THE FUTURE

◊ PAT BENATAR

◊ BON JOVI

◊ BORN IN THE USA

◊ BRAT PACK

◊ GEORGE H.W. BUSH

◊ THE BREAKFAST CLUB

◊ CABBAGE PATCH KIDS

◊ CARE BEARS

◊ CHEERS

◊ CRIMPING IRON

◊ FRAGGLE ROCK

◊ MICHAEL JACKSON

◊ CASEY KASEM

◊ MADONNA

◊ MTV

◊ MUSIC VIDEOS

◊ PRINCE

◊ RONALD REAGAN

◊ SIXTEEN CANDLES

◊ SOUL TRAIN

◊ RUN DMC

◊ TOP GUN

Off the Beaten Path

```
C L L A W M U G Z W C M N P S
V A Y K L F E E D R U B F S C
O F L A S C C N H S G E A K A
E H I L A W A T T S G L R M H
R B I L I L P A E N G A E S A
O O A O Z D R P E I P R C K B
T P S Z O D A H I K B C R R A
S S A W E D R C R I D N E O N
K J A U E A O A A N E T S W K
O T D L C L B O H C A S Y S K
O I W V I G L L V U T A E A L
B D T D O E B Y L D H L G G U
Y E I D O B L F U O W E O V P
D E M I A L C N U F R M M Y I
U F C M U F F L E R O T W U L
```

◊ ABANDONED JAZZLAND

◊ BAINBRIDGE TROLL

◊ BODIE

◊ CADILLAC RANCH

◊ CARHENGE

◊ CAHABA

◊ CORN PALACE

◊ GAS WORKS PARK

◊ GUM WALL

◊ DOG BARK PARK INN

◊ FLY GEYSER

◊ GLASS BEACH

◊ HISTORIC VOODOO MUSEUM

◊ THE LAST BOOKSTORE

◊ LEILA'S HAIR MUSEUM

◊ MUFFLER MEN

◊ MUSEUM OF DEATH

◊ NATIONAL MUSTARD MUSEUM

◊ THE NEON MUSEUM

◊ ROSWELL, NEW MEXICO

◊ UNCLAIMED BAGGAGE CENTER

◊ UFO WATCHTOWER

◊ WATT'S TOWERS

◊ WITCH HOUSE OF SALEM

Favorite American Rom-Coms

```
M I B H C N U A L F I K W U T
V A W S P E I K E G Z G R R E
O O R Y N O D T U R U N N O E
N L I S M O R N O Y M I S M W
S T G O H D N U O R G D T A S
P I U Z S A A O N L M D A N Z
V R C I O A L C T A B E O P A
O S E K P Z L L I I W W L I N
Y S S T F O O L S R C A F U Y
E E I P T E P G Y V N E Y Z T
L L S D H Y D F T N S C A W H
L E E O L V O W E D I R S G I
A U K V F U P R I N C E S S N
V L Y Z I S E A T T L E L P G
B C E T P G W O L L A H S R T
```

◊ *THE BIG SICK*

◊ *CLUELESS*

◊ *CRAZY RICH ASIANS*

◊ *FAILURE TO LAUNCH*

◊ *FOOLS RUSH IN*

◊ *FORGETTING SARAH MARSHALL*

◊ *GROUNDHOG DAY*

◊ *HOPE FLOATS*

◊ *LEGALLY BLONDE*

◊ *MY BIG FAT GREEK WEDDING*

◊ *PRETTY WOMAN*

◊ *THE PRINCESS BRIDE*

◊ *ROMAN HOLIDAY*

◊ *RUNAWAY BRIDE*

◊ *SAY ANYTHING*

◊ *SHALLOW HAL*

◊ *SLEEPLESS IN SEATTLE*

◊ *SOMETHING'S GOTTA GIVE*

◊ *SWEET HOME ALABAMA*

◊ *TWO WEEKS NOTICE*

◊ *VALLEY GIRL*

◊ *THE WEDDING PLANNER*

◊ *WHEN HARRY MET SALLY*

◊ *YOU'VE GOT MAIL*

High Roller

◊ CRISS <u>ANGEL</u>

◊ <u>BUFFET</u>

◊ <u>CAESARS</u> PALACE

◊ <u>CASINO</u>

◊ CIRQUE DU <u>SOLEIL</u>

◊ <u>CRAPS</u>

◊ <u>DICE</u>

◊ <u>FLAMINGO</u>

◊ <u>FREMONT</u> STREET

◊ GOLDEN <u>NUGGET</u>

◊ <u>HARRAH'S</u>

◊ <u>LUXOR</u>

◊ <u>MANDALAY</u> BAY

◊ MGM <u>GRAND</u>

◊ <u>MIRAGE</u>

◊ <u>POKER</u>

◊ <u>RAIDERS</u>

◊ <u>ROULETTE</u>

◊ <u>SLOT</u> MACHINE

◊ <u>SPHERE</u>

◊ THE <u>STRIP</u>

◊ <u>TREASURE</u> ISLAND

◊ <u>VENETIAN</u>

◊ WEDDING <u>CHAPEL</u>

A Little Bit Rock 'n' Roll

```
V U L D T E L N H H N F O U F
B V A S Y Z P M J S I W E L D
T R S T K L R R A O A C D M U
N T O N W C A F E Y P R E E D
N H E W E F I N J S F L C N U
C F Z J N R T N O T L I I Y Y
R S A C H E T Z E B U E E N W
O I Y P K Y Y L L W N R Y L O
S M E L L E N C A M P F N W D
B O L P U D I L Y R R E B E P
Y N N Y B L S R I C H A R D R
R A E L L H E L K O Y E C K W
G E H S D L F S E L R A H C E
U Y T T E P O P E N F O F W T
B D G S I V V H R A T A N E B
```

◊ PAT BENATAR
◊ CHUCK BERRY
◊ JACKSON BROWNE
◊ RAY CHARLES
◊ DAVID CROSBY
◊ BOB DYLAN
◊ GLENN FREY
◊ DON HENLEY

◊ BUDDY HOLLY
◊ JOAN JETT
◊ BILLY JOEL
◊ JANICE JOPLIN
◊ JERRY LEE LEWIS
◊ LITTLE RICHARD
◊ CURTIS MAYFIELD
◊ JOHN MELLENCAMP

◊ STEVIE NICKS
◊ TOM PETTY
◊ ELVIS PRESLEY
◊ BONNIE RAITT
◊ LOU REED
◊ PAUL SIMON
◊ TINA TURNER
◊ JOE WALSH

American Fare

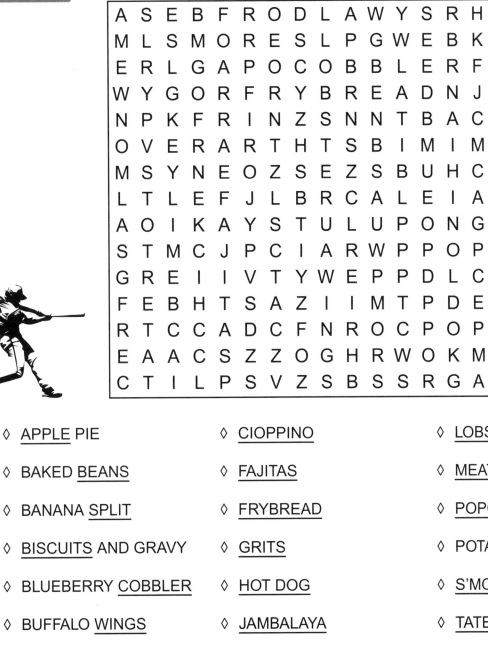

```
A S E B F R O D L A W Y S R H
M L S M O R E S L P G W E B K
E R L G A P O C O B B L E R F
W Y G O R F R Y B R E A D N J
N P K F R I N Z S N N T B A C
O V E R A R T H T S B I M I M
M S Y N E O Z S E Z S B U H C
L T L E F J L B R C A L E I A
A O I K A Y S T U L U P O N G
S T M C J P C I A R W P P O P
G R E I I V T Y W E P P D L C
F E B H T S A Z I I M T P D E
R T C C A D C F N R O C P O P
E A A C S Z Z O G H R W O K M
C T I L P S V Z S B S S R G A
```

◊ APPLE PIE

◊ BAKED BEANS

◊ BANANA SPLIT

◊ BISCUITS AND GRAVY

◊ BLUEBERRY COBBLER

◊ BUFFALO WINGS

◊ CALIFORNIA ROLL

◊ CHICKEN FRIED STEAK

◊ CIOPPINO

◊ FAJITAS

◊ FRYBREAD

◊ GRITS

◊ HOT DOG

◊ JAMBALAYA

◊ JERKY

◊ KEY LIME PIE

◊ LOBSTER ROLL

◊ MEATLOAF

◊ POPCORN

◊ POTATO CHIPS

◊ S'MORES

◊ TATER TOTS

◊ WILD ALASKAN SALMON

◊ WALDORF SALAD

Culture and Values

```
W Y T I L A M R O F N I F E R
M S I L A U D I V I D N I Q T
N M U S I C M A E R D F I U S
O M L L A B T O O F B D F A L
I V H P R O G R E S S H F L V
T A C P K K M P O L W T A I G
A E R L T D E N K K B B T T D
V S A M B I T I O N E F O Y I
O T M E E H J U Y S R A P S V
N B E V E U L W A R P S V S E
N O T G S C W B I S C T H E R
I W O T K F F O L R P P R C S
O L I B E R T Y R A D A I O I
Y C A R C O M E D L T C E R T
E P P R I V A C Y K D E Z P Y
```

◊ AMBITION

◊ AMERICAN DREAM

◊ BASEBALL

◊ DEMOCRACY

◊ DIVERSITY

◊ DUE PROCESS

◊ EQUALITY

◊ FAST PACE

◊ FOOTBALL

◊ INDIVIDUALISM

◊ INFORMALITY

◊ INNOVATION

◊ JUSTICE

◊ LIBERTY

◊ MARCH MADNESS

◊ MELTING POT

◊ MUSIC

◊ ON-THE-GO

◊ PRIVACY

◊ PROGRESS

◊ SMALL TALK

◊ SUPER BOWL

◊ URBAN SPRAWL

◊ WORLD SERIES

Fashion Forward

```
D G E O D I N Y F I U S V W L
R A C C D E V K F S D Y V F B
C M B V R A H K O R E U A B S
B I B U N O B R T R S P A D E
M F A Y E O C E M P S S F I I
O L N S E B R S T P A E Y R K
H I A T N R V N H S N Y N N C
E C N A L A B E C E E E O I I
G H A F K Y V K M W A Y R E D
S U K H P N S E O S E K T L E
C Z O E P I W N T B C R H K L
S A U C O N Y I E O E C C T G
P A G U I U V Y A W D E D J A
H N F K U E P C R U O M R A E
N A E B L L H D T R N R U T K
```

◇ AMERICAN EAGLE

◇ BANANA REPUBLIC

◇ BETSEY JOHNSON

◇ CALVIN KLEIN

◇ COACH

◇ CROCS

◇ DICKIES

◇ EDDIE BAUER

◇ GAP

◇ J. CREW

◇ KATE SPADE

◇ LEVI STRAUSS

◇ L.L. BEAN

◇ MICHAEL KORS

◇ NEW BALANCE

◇ NIKE

◇ THE NORTH FACE

◇ OLD NAVY

◇ RALPH LAUREN

◇ RICK OWENS

◇ REEBOK

◇ SAUCONY

◇ UNDER ARMOUR

◇ VANS

Contemporary Writers

```
R N O H C N Y P I M L Y Z F E
O E Y K W H E S C T S C Y B A
E P K N I B L M Z G Z E R F I
W R W L M N I T C H T O R K G
T T O M A L G K A B W K P U R
D U O E L W T B M N R B Z S E
A N D A E H E T I H W I P H E
T S N S S F R A N Z E N D N N
T R R N I T E L D R I C H E N
E E E E Y L C O L L I N S R O
R D I T R S L Y L E R A P T B
E N Z U N F S E A C Y O L A A
V U A T R E C A L L A W F R H
E A R E T S U A C R M G G T C
K S F T L E N I T S E N P T Z
```

◊ PAUL AUSTER

◊ DAN BROWN

◊ MICHAEL CHABON

◊ SUZANNE COLLINS

◊ LOUIS ELDRICH

◊ BRET EASTON ELLIS

◊ PERCIVAL EVERETT

◊ JONATHAN FRANZEN

◊ CHARLES FRAZIER

◊ JOHN GREEN

◊ STEPHEN KING

◊ RACHEL KUSHNER

◊ ANNE LAMOTT

◊ JAMES MCBRIDE

◊ TERRY MCMILLAN

◊ THOMAS PYNCHON

◊ PHILIP ROTH

◊ GEORGE SAUNDERS

◊ R.L. STINE

◊ DONNA TARTT

◊ FREDERIC TUTEN

◊ ALICE WALKER

◊ DAVID FOSTER WALLACE

◊ COLSON WHITEHEAD

Must-see Cities

```
S G L S T L O U I S U O O I M
P S E E E K U A W L I M M Y H
A A N T E A T L A N T A M P G
L G D N A L T R O P I D A T R
M E C S K T T R V M B E G I U
S V L H O U S T O N O T S O B
P S C L I K L U A R R L D R S
R A L B I C R U N E L G T T T
I L E O R V A S L I S A D E T
N H V R F U H G G O T E N D I
G Y E M A D I S O N N S A D P
S A L L A D S R A V G O U R O
S N A E L R O W E N M U H A N
A B N S A N F R A N C I S C O
W B D G E N Z S I H P M E M A
```

◊ ATLANTA

◊ AUSTIN

◊ BOSTON

◊ CHICAGO

◊ CLEVELAND

◊ DALLAS

◊ DENVER

◊ DETROIT

◊ HONOLULU

◊ HOUSTON

◊ LAS VEGAS

◊ MADISON

◊ MEMPHIS

◊ MIAMI

◊ MILWAUKEE

◊ NASHVILLE

◊ NEW ORLEANS

◊ ORLANDO

◊ PALM SPRINGS

◊ PITTSBURGH

◊ PORTLAND

◊ SAN FRANCISCO

◊ SEATTLE

◊ ST. LOUIS

Classic TV

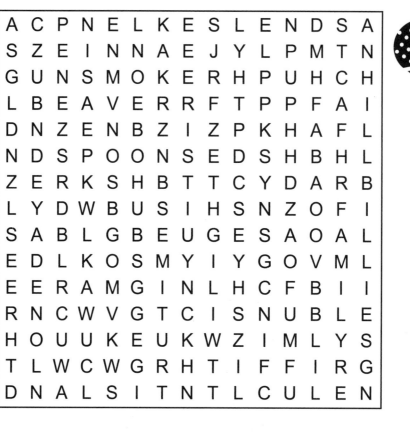

```
A C P N E L K E S L E N D S A
S Z E I N N A E J Y L P M T N
G U N S M O K E R H P U H C H
L B E A V E R R F T P P F A I
D N Z E N B Z I Z P K H A F L
N D S P O O N S E D S H B H L
Z E R K S H B T T C Y D A R B
L Y D W B U S I H S N Z O F I
S A B L G B E U G E S A O A L
E D L K O S M Y I Y G O V M L
E E R A M G I N L H C F B I I
R N C W V G T C I S N U B L E
H O U U K E U K W Z I M L Y S
T L W C W G R H T I F F I R G
D N A L S I T N T L C U L E N
```

- ◊ ALL IN THE <u>FAMILY</u>
- ◊ THE ANDY <u>GRIFFITH</u> SHOW
- ◊ THE BEVERLY <u>HILLBILLIES</u>
- ◊ <u>BONANZA</u>
- ◊ THE <u>BRADY</u> BUNCH
- ◊ THE <u>FACTS</u> OF LIFE
- ◊ FAMILY <u>TIES</u>

- ◊ <u>FULL</u> HOUSE
- ◊ GILLIGAN'S <u>ISLAND</u>
- ◊ THE <u>GOLDEN</u> GIRLS
- ◊ GOOD <u>TIMES</u>
- ◊ <u>GUNSMOKE</u>
- ◊ <u>HAPPY</u> DAYS
- ◊ I DREAM OF <u>JEANNIE</u>
- ◊ I LOVE <u>LUCY</u>
- ◊ <u>LAVERN</u> AND SHIRLEY

- ◊ LEAVE IT TO <u>BEAVER</u>
- ◊ THE <u>MUPPET</u> SHOW
- ◊ <u>ONE DAY</u> AT A TIME
- ◊ SILVER <u>SPOONS</u>
- ◊ STAR <u>TREK</u>
- ◊ <u>THREE'S</u> COMPANY
- ◊ THE <u>TWILIGHT</u> ZONE
- ◊ WHO'S THE <u>BOSS</u>?

See and Be Seen

```
Z V F N A P A L A N A M P U V
L A Y O R N E L A D S U O R T
S A G A P O N A C K C A E K A
S D K O N T A L C M D M D A G
C D I H H A E I O I A U L P T
A W D E U P E L E Y F F T A U
R I A L E B B L O L O I A L P
S N O W M A S S C A S L C U K
D G N H A N I D E M L R A A O
A L I Y R R E H C O O B E L P
L N B E K P Z C J B H L U A S
E T P R A E C A R R E T M R U
B P A Y R O L A R N W L W O R
U P D N A L H G I H D B F C L
A C E B I R T H S O H C N A R
```

◊ BAR <u>HARBOR</u>

◊ <u>BEL AIR</u>

◊ <u>BURR</u> RIDGE CLUB

◊ <u>CHERRY</u> HILLS

◊ CHEVY CHASE <u>TERRACE</u>

◊ <u>CORAL</u> GABLES

◊ <u>HIGHLAND</u> PARK

◊ <u>KAPALUA</u>

◊ <u>LA JOLLA</u>

◊ LOS <u>RANCHOS</u> DE ALBUQUERQUE

◊ <u>LOYOLA</u>

◊ <u>MANALAPAN</u>

◊ <u>MCLEAN</u>

◊ <u>MEDINA</u>

◊ <u>PACIFIC</u> HEIGHTS

◊ <u>PALM</u> ISLAND

◊ <u>PARK</u> MEADOWS

◊ PORT <u>ROYAL</u>

◊ <u>SAGAPONACK</u>

◊ <u>SCARSDALE</u>

◊ <u>SNOWMASS</u>

◊ <u>TRIBECA</u>

◊ <u>TROUSDALE</u> ESTATES

◊ <u>UPPER</u> EAST SIDE

The 1990s

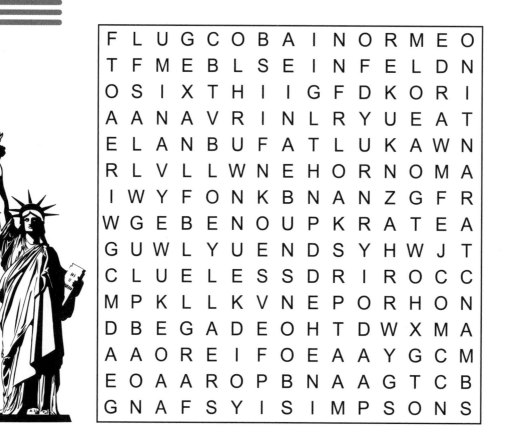

```
F L U G C O B A I N O R M E O
T F M E B L S E I N F E L D N
O S I X T H I I G F D K O R I
A A N A V R I N L R Y U E A T
E L A N B U F A T L U K A W N
R L V L L W N E H O R N O M A
I W Y F O N K B N A N Z G F R
W G E B E N O U P K R A T E A
G U W L Y U E N D S Y H W J T
C L U E L E S S D R I R O C C
M P K L L K V N E P O R H O N
D B E G A D E O H T D W X M A
A A O R E I F O E A A Y G C M
E O A A R O P B N A A G T C B
G N A F S Y I S I M P S O N S
```

◊ AIR JORDANS

◊ BEANIE BABIES

◊ BILL CLINTON

◊ CLUELESS

◊ KURT COBAIN

◊ COURTENEY COX

◊ FLANNEL SHIRT

◊ FRIENDS

◊ BILL GATES

◊ GOOGLE

◊ GRUNGE MUSIC

◊ GULF WAR

◊ HIP-HOP

◊ HOME ALONE

◊ DONNA KARAN

◊ LISA KUDROW

◊ MARK MCGWIRE

◊ NIRVANA

◊ SARAH JESSICA PARKER

◊ MATTHEW PERRY

◊ JERRY SEINFELD

◊ THE SIMPSONS

◊ THE SIXTH SENSE

◊ QUENTIN TARANTINO

Legendary Hollywood Ladies

```
T N L W U L W Z L M H D D S U
M U N L S O E D T E W D G D M
T O R Y C R A I P I A W W L N
S C N N S C E B N E E D R O S
M I T R E R U N H A N R Y N F
Y L V K O R F K D A D D N Y H
C O F A N E N D L R W C G E A
L M L Z D A A R B R A N M R Y
O B G L B B A O F Z O G R O W
O A E Z A G D F U W Z W N G O
N R Z K C E K W J R C A P E R
E D G L A D E A O T S E W R T
Y L H V L L L R N C K M B S H
U V A D L W L C E E R S T Y W
W O L R A H Y Y S R O L Y A T
```

◊ LAUREN BACALL

◊ TALLULAH BANKHEAD

◊ ROSEMARY CLOONEY

◊ JOAN CRAWFORD

◊ BETTE DAVIS

◊ AVA GARDNER

◊ JUDY GARLAND

◊ JEAN HARLOW

◊ RITA HAYWORTH

◊ KATHERINE HEPBURN

◊ JENNIFER JONES

◊ GRACE KELLY

◊ VERONICA LAKE

◊ CAROLE LOMBARD

◊ MYRNA LOY

◊ HATTIE MCDANIEL

◊ MARILYN MONROE

◊ DEBBIE REYNOLDS

◊ GINGER ROGERS

◊ ELIZABETH TAYLOR

◊ GENE TIERNEY

◊ LANA TURNER

◊ MAE WEST

◊ ANNA MAY WONG

Drive-Thru Delights

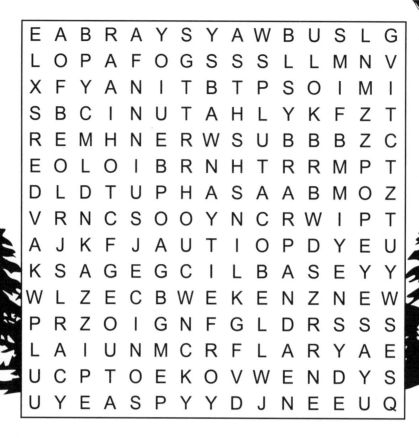

```
E A B R A Y S Y A W B U S L G
L O P A F O G S S L L M N V
X F Y A N I T B T P S O I M I
S B C I N U T A H L Y K F Z T
R E M H N E R W S U B B B Z C
E O L O I B R N H T R R M P T
D L D T U P H A S A A B M O Z
V R N C S O O Y N C R W I P T
A J K F J A U T I O P D Y E U
K S A G E G C I L B A S E Y Y
W L Z E C B W E K E N Z N E W
P R Z O I G N F G L D R S S S
L A I U N M C R F L A R Y A E
U C P T O E K O V W E N D Y S
U Y E A S P Y Y D J N E E U Q
```

◊ ARBY'S

◊ BURGER KING

◊ CARL'S JR.

◊ CHIPOTLE

◊ DAIRY QUEEN

◊ DOMINO'S

◊ DUNKIN' DONUTS

◊ FIVE GUYS

◊ HARDEE'S

◊ JACK IN THE BOX

◊ JERSEY MIKE'S

◊ JIMMY JOHN'S

◊ KFC

◊ PANDA EXPRESS

◊ PANERA BREAD

◊ PAPA JOHN'S

◊ PIZZA HUT

◊ POPEYES

◊ SONIC

◊ STARBUCKS

◊ SUBWAY

◊ TACO BELL

◊ WENDY'S

◊ WHITE CASTLE

The Great American Pastime

```
H A D U M C X O S D E R K D E
C V P C A E E F R R K O S F S
S A O E R A W L I L H I W R S
S E L O I R O P B R A V E S N
S O R S N R M V S T N G M W T
Z R K L E U O S H R N S P A S
L O E E R R W L E A O H S E B
N D E G S C E E R R I Y I I A
S A E N I T Y P T L D K A H S
S Y I A I T I S L I C A P L E
R W A C S R A I A O C O P E S
T M S J A W E M R U T L V I I
C E O T B S O Y B B T O U V C
Y T E K R N C S N I L R A M Y
D S D O D G E R S G A P H E H
```

◊ ANGELS

◊ ASTROS

◊ ATHLETICS

◊ BASES

◊ BRAVES

◊ CUBS

◊ DIAMOND

◊ DODGERS

◊ GLOVE

◊ JAYS

◊ MARINERS

◊ MARLINS

◊ METS

◊ ORIOLES

◊ PADRES

◊ PHILLIES

◊ PIRATES

◊ RANGERS

◊ RED SOX

◊ ROCKIES

◊ ROYALS

◊ TIGERS

◊ TWINS

◊ UMPIRE

Capital Cities

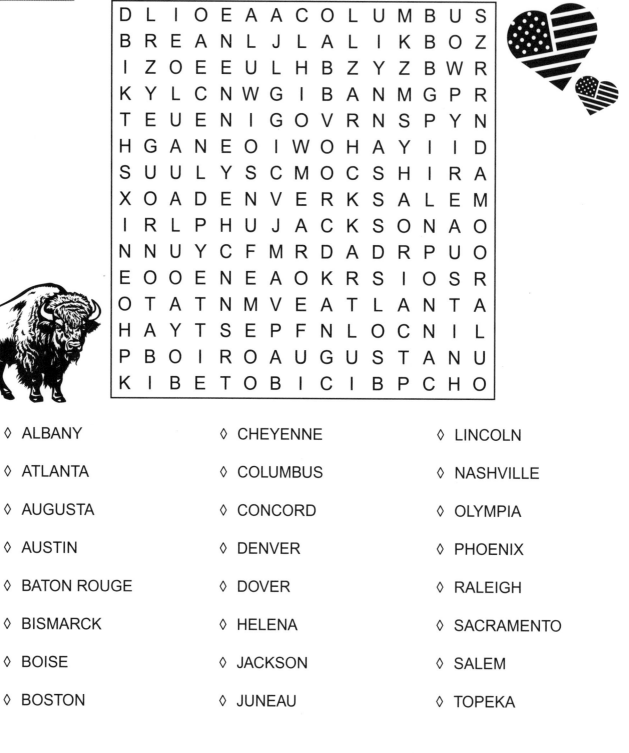

```
D L I O E A A C O L U M B U S
B R E A N L J L A L I K B O Z
I Z O E E U L H B Z Y Z B W R
K Y L C N W G I B A N M G P R
T E U E N I G O V R N S P Y N
H G A N E O I W O H A Y I I D
S U U L Y S C M O C S H I R A
X O A D E N V E R K S A L E M
I R L P H U J A C K S O N A O
N N U Y C F M R D A D R P U O
E O O E N E A O K R S I O S R
O T A T N M V E A T L A N T A
H A Y T S E P F N L O C N I L
P B O I R O A U G U S T A N U
K I B E T O B I C I B P C H O
```

◊ ALBANY

◊ ATLANTA

◊ AUGUSTA

◊ AUSTIN

◊ BATON ROUGE

◊ BISMARCK

◊ BOISE

◊ BOSTON

◊ CHEYENNE

◊ COLUMBUS

◊ CONCORD

◊ DENVER

◊ DOVER

◊ HELENA

◊ JACKSON

◊ JUNEAU

◊ LINCOLN

◊ NASHVILLE

◊ OLYMPIA

◊ PHOENIX

◊ RALEIGH

◊ SACRAMENTO

◊ SALEM

◊ TOPEKA

Neighborhoods to Know

```
Z N L S T R E M O N T F H V W
T I O A P V P H F R R R N I E
Z H N O C A E B K A E E G L S
O R I B B E N N H R R N D L T
V N W R S M B W I E O C M A W
T I I O T B O I V C V H I G O
E M C O H R S L R A E W S E O
G E K K F V I I V T I Y S Y D
D F E L L S R O D E O N I A H
I Z R Y F G N Z I U B W O B F
R E N N T D L U E C I O N K L
B K H W A M P V D E L O P C Y
M N D L V D L V Y D C D F A S
A D E F Y R U B H S A H K B F
C Y L A T I Y V S M E F O Z P
```

- ◊ AVONDALE
- ◊ BACK BAY
- ◊ BEACON HILL
- ◊ BROOKLYN
- ◊ CAMBRIDGE
- ◊ ECHO PARK
- ◊ FELL'S POINT
- ◊ FISHERMAN'S WHARF

- ◊ FRENCH QUARTER
- ◊ GREENWICH VILLAGE
- ◊ HAIGHT ASHBURY
- ◊ HYDE PARK
- ◊ LITTLE ITALY
- ◊ MISSION DISTRICT
- ◊ POINT PLEASANT
- ◊ RODEO DRIVE

- ◊ SILVER LAKE
- ◊ SOHO
- ◊ TREMONT
- ◊ TRIBECA
- ◊ VENICE BEACH
- ◊ WESTWOOD
- ◊ WICKER PARK
- ◊ WYNWOOD

All About Thanksgiving

```
P L L A B T O O F N S R C Z H
O U S R I L N G M T N S S B H
T H L R O A R Y U I R A O C G
A D R Y E A D F D R U D A K V
T W F H V V F P E C C I P U P
O T D Y F I O B E E C T P I P
E T R W N F M T L C R T L H D
S Z U G I E N E F O A G E M F
K C O R V S B I C E R N A D A
G O G O K R H R K I L H S E M
A W N B A E E B M P Y Y M S I
M M E T D A Y S O V M P A S L
E Z I Y M L G E P N K U Y E Y
S O G R A T I T U D E O P R N
N R E W O L F Y A M Y S P T D
```

◇ APPLE PIE

◇ CELEBRATION

◇ CRANBERRY SAUCE

◇ DESSERT

◇ FAMILY

◇ FOOTBALL

◇ GAMES

◇ GOURD

◇ GRATITUDE

◇ GRAVY

◇ HAM

◇ LEFTOVERS

◇ MASHED POTATOES

◇ MAYFLOWER

◇ NOVEMBER

◇ PILGRIMS

◇ PUMPKIN PIE

◇ PECAN PIE

◇ PLYMOUTH ROCK

◇ STUFFING

◇ TURKEY

◇ WHIPPED CREAM

◇ WISHBONE

◇ YAMS

The American Arts

```
H Q U A K G V C M I K L N D K
V M G L K Y E R I A F S O O A
E P U E I B U H L Y N O Y E H
T O L O G C A M H J W R U N P
V L W H M A H S E K O T A I Z
Y L Y O P S K T Q G T H P Y Y
G O E P A S T R E U A P N R S
N C T P R A O T T N I V E S N
I K H E B T A R A N S A A C O
R R M R H T Z A B L E T T S O
A O S K E B L U N R L G E S K
H E O M P O Z T I M O E R I B
E F F E E K O S O R R O T A N
P G V M W A R H O L B A K S S
S P B I L L E W K C O R W S O
```

- ◊ JEAN-MICHEL BASQUIAT
- ◊ OLIVER J. BROOKS
- ◊ MARY CASSATT
- ◊ SHEPARD FAIREY
- ◊ KEITH HARING
- ◊ WINSLOW HOMER
- ◊ EDWARD HOPPER
- ◊ JASPER JOHNS

- ◊ ELLSWORTH KELLY
- ◊ JEFF KOONS
- ◊ ROY LICHTENSTEIN
- ◊ MAN RAY
- ◊ GEORGIA O'KEEFFE
- ◊ HORACE PIPPIN
- ◊ JACKSON POLLOCK
- ◊ NORMAN ROCKWELL

- ◊ MARK ROTHKO
- ◊ JOHN SINGER SARGENT
- ◊ AUGUSTA SAVAGE
- ◊ FRANK STELLA
- ◊ GILBERT STUART
- ◊ ANDY WARHOL
- ◊ GRANT WOOD
- ◊ ANDREW WYETH

Iconic American Art

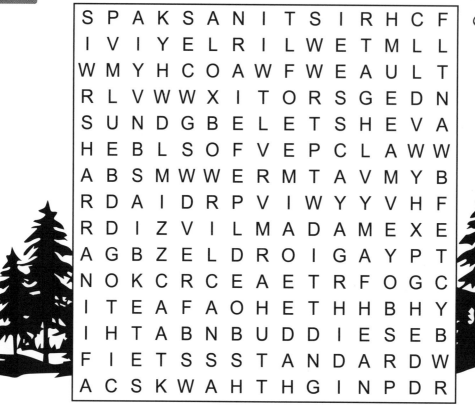

```
S P A K S A N I T S I R H C F
I V I Y E L R I L W E T M L L
W M Y H C O A W F W E A U L T
R L V W W X I T O R S G E D N
S U N D G B E L E T S H E V A
H E B L S O F V E P C L A W W
A B S M W W E R M T A V M Y B
R D A I D R P V I W Y Y V H F
R D I Z V I L M A D A M E X E
A G B Z E L D R O I G A Y P T
N O K C R C E A E T R F O G C
I T E A F A O H E T H H B H Y
I H T A B N B U D D I E S E B
F I E T S S S T A N D A R D W
A C S K W A H T H G I N P D R
```

- ◊ ABIGAIL <u>ADAMS</u>
- ◊ AMERICAN <u>GOTHIC</u>
- ◊ BEST <u>BUDDIES</u>
- ◊ CAMPBELL'S SOUP <u>CANS</u>
- ◊ THE CHILD'S <u>BATH</u>
- ◊ <u>CHRISTINA'S</u> WORLD
- ◊ EIGHT <u>ELVISES</u>
- ◊ FREEDOM FROM <u>WANT</u>

- ◊ THE <u>GULF</u> STREAM
- ◊ <u>HARRAN II</u>
- ◊ <u>HEART</u> OF THE ANDES
- ◊ <u>HOPE</u>
- ◊ JIMSON WEED WHITE <u>FLOWER</u>
- ◊ <u>MADAME X</u>
- ◊ MARY <u>MITCHELL</u>
- ◊ <u>MASTERPIECE</u>

- ◊ <u>NIGHTHAWKS</u>
- ◊ THE <u>OXBOW</u>
- ◊ PAUL <u>REVERE</u>
- ◊ RED <u>PETALS</u>
- ◊ SNAP THE <u>WHIP</u>
- ◊ <u>STANDARD</u> STATION
- ◊ WASHINGTON CROSSING THE <u>DELAWARE</u>
- ◊ WHISTLER'S <u>MOTHER</u>

Memorable Film Characters

```
E C N A R R O T N C E L D B M
C W F T U I V N E E F P I U A
O E N B W O R R A P S A A E X
N T A O V L E C T E R R N L I
N E H U W C I Y C Z K U I L M
O N A R B P B N Y N N T B E U
R I L N W O L V E R I N E R S
G A L E P S A Y L L O E R C B
R L A B P N T E O S L V D S A
O B C N A T O F F W I U M B I
L K R G A Z R E C A L A C U L
Y S R B D E S M O N D G R E E
A M I A S F K W I D M C F L Y
T B R U D E P R A S E T A B B
A N A T N O M I K A I H E L C
```

◊ WEDNESDAY ADDAMS

◊ GEORGE BAILEY

◊ NORMAN BATES

◊ ROY BATTY

◊ RICK BLAINE

◊ JASON BOURNE

◊ FERRIS BUELLER

◊ HARRY CALLAHAN

◊ SARAH CONNOR

◊ EDWARD CULLEN

◊ DONNIE DARKO

◊ NORMA DESMOND

◊ FRANK DREBIN

◊ AXEL FOLEY

◊ HANNIBAL LECTER

◊ MARTY MCFLY

◊ TONY MONTANA

◊ CAPTAIN JACK SPARROW

◊ BELLA SWAN

◊ ELLIOT TAYLOR

◊ JACK TORRANCE

◊ MAXIMUS

◊ ACE VENTURA

◊ WOLVERINE

Poets for the Ages

```
C T H W A I N H M T N Z O F P
U Y U A I D N U O P S I E O B
M T G B K O G O H T H O E E M
M E H K S Z U W V P L H R T C
I E E Y W N W R H O O R Z F S
N R S V O N Y G R I Y H M H G
G T P E K P B D N R T O S V R
S S R U U M E O E C O M C I E
N D S A B K S V N R E A A O B
L A L S B N I A E N U P T N S
O R O H I L M A I O I P N D N
D B Y K O F C V R L I B L I I
F L C L U Y E E O A L I G B G
L I M A V L K F M Y H T A L P
D M K U O L E G N A R O G W W
```

◊ MAYA ANGELOU

◊ WENDELL BERRY

◊ ELIZABETH BISHOP

◊ ROBERT BLY

◊ ANNE BRADSTREET

◊ CHARLES BUKOWSKI

◊ E.E. CUMMINGS

◊ EMILY DICKINSON

◊ ROBERT FROST

◊ ALLEN GINSBERG

◊ LANGSTON HUGHES

◊ BOB KAUFMAN

◊ JACK KEROUAC

◊ PHILIP LEVINE

◊ AUDRE LORDE

◊ MARIANNE MOORE

◊ FRANK O'HARA

◊ MARY OLIVER

◊ SYLVIA PLATH

◊ EDGAR ALAN POE

◊ EZRA POUND

◊ GARY SNYDER

◊ GERTRUDE STEIN

◊ WALT WHITMAN

The PNW

```
H A M O N T L U M N B M E Z S
O H P L S Y F M L N S V N E E
W R K M P U G E T F P O R S A
N E O W O C E A N E O D O A T
D T C H K B F M T A D R H S T
D A C V A G G T N N E H T Q L
N R N B N D Y D O G T R W U E
A C S E E G I H O C E E A A N
K S Z L R E S N L D A I H T I
E G R O G A A V W L A N T C R
R Z V V V B D O N W N I N H V
U E V E Y H O Y V M K A Y O A
E B Z J O D D N A L T R O P N
Z U O O S L A I D A C S A C A
L S D Y N O T G N I H S A W N
```

- ◊ CANNON BEACH
- ◊ CASCADIA
- ◊ COLUMBIA GORGE
- ◊ CRATER LAKE
- ◊ EUREKA
- ◊ FORT VANCOUVER
- ◊ HAWTHORNE BRIDGE
- ◊ HOOD RIVER

- ◊ IDAHO
- ◊ ASA LOVEJOY
- ◊ MT. RAINIER
- ◊ MULTNOMAH FALLS
- ◊ NIRVANA
- ◊ OREGON
- ◊ PACIFIC OCEAN
- ◊ FRANCIS PETTYGROVE

- ◊ PORTLAND
- ◊ PUGET SOUND
- ◊ REDWOODS
- ◊ SASQUATCH
- ◊ SEATTLE
- ◊ SPOKANE
- ◊ VASHON ISLAND
- ◊ WASHINGTON

The 2000s

```
W H N A R H G A W B H M N T M
F O F I O P N D L F G I A G Y
C M E B V K S O P G E T H G S
L E S M I S E H T S I L O B P
A L W U V S E N O L W R L C A
R A U L R L H T P Y I U L Y C
K N G O U R O S E R O H S S E
S D Y C S M O D S F A I R E Y
O K D Y A N G O I U T C O A A
N D R Y A R E P N W A C P C R
T M O R V C N I I R I Z E R R
O R P V O E Z T R A P P L E U
D O T C O M T E D D E Z O S M
S M I A W E Y C E W G S S T T
I C H L R S T E W A R T I H Y
```

◊ AMERICAN IDOL

◊ APPLE

◊ JIM CARREY

◊ KELLY CLARKSON

◊ DOT COM

◊ GEN Z

◊ SHEPARD FAIREY

◊ PARIS HILTON

◊ HOMELAND SECURITY

◊ IPOD

◊ JERSEY SHORE

◊ LINDSAY LOHAN

◊ MEAN GIRLS

◊ BILL MURRAY

◊ MYSPACE

◊ NANCY PELOSI

◊ RYAN SEACREST

◊ THE SIMS

◊ SONIA SOTOMAYOR

◊ THE SOPRANOS

◊ SPACE SHUTTLE COLUMBIA

◊ JOHN STEWART

◊ SURVIVOR

◊ TWITTER

Gimme a Break

```
S K K V R H A E D A R A P F U
V F Y E P B K O C I S B L M T
L A V H E H L C R A S K A U K
D E S S I M B M A Y U A I L B
N K T V S T R A W S A T K N L
S R E H T A E W Y V P R I R I
K N D G N Z A Z R F P U D O F
A B E M M F K D H D L G B S N
T H P E P Y G B G E E N D H T
I P S A S Z M N G V S I B Y C
N E P A H S I S Y I Z K U G E
G H E B B L O C K L G R L W F
L V S R L N E Z O D R A L Y R
M P Y U B I F S K E M B E R E
D M P M B F B F W D M G T T P
```

◊ A CHIP OFF THE OLD <u>BLOCK</u>

◊ A DIME A <u>DOZEN</u>

◊ A <u>PERFECT</u> STORM

◊ <u>APPLES</u> TO ORANGES

◊ <u>BARKING</u> UP THE WRONG TREE

◊ BEAT AROUND THE <u>BUSH</u>

◊ BENT OUT OF <u>SHAPE</u>

◊ <u>BEST</u> OF BOTH WORLDS

◊ BETTER LATE THAN <u>NEVER</u>

◊ BITE THE <u>BULLET</u>

◊ <u>BREAK</u> THE ICE

◊ BY THE <u>SKIN</u> OF YOUR TEETH

◊ DON'T RAIN ON MY <u>PARADE</u>

◊ <u>EASY</u> DOES IT

◊ HIT THE <u>SACK</u>

◊ <u>MISSED</u> THE BOAT

◊ ON THE <u>BALL</u>

◊ <u>PULLING</u> YOUR LEG

◊ <u>SKATING</u> ON THIN ICE

◊ SPEAK OF THE <u>DEVIL</u>

◊ THE LAST <u>STRAW</u>

◊ THE WHOLE NINE <u>YARDS</u>

◊ THROW <u>CAUTION</u> TO THE WIND

◊ UNDER THE <u>WEATHER</u>

The Pelican State

```
R L Q U A R Y N V O P O G C P
E K C I N N O C U S V N I H N
T Z D M S B K N M E X I C O B
R S E L R A H C B G E M M C R
A E E U S H R E V E P O R T N
U H O N S A I N T S P D A A S
Q B S V A R M S T R O N G W N
O F R V J L Z N P V A E V P A
A K A S D A U H S I R A P P E
K S E I U J Z T B A T O N P L
G R P N A O I Z R S L C U A R
U C S C R A Y A P A K A T A O
M N I D L A F A Y E T T E K W
B Z E H C T A N B W G W E B E
O H S I F W A R C R E O L E N
```

- ◊ LOUIS ARMSTRONG
- ◊ ATAKAPA
- ◊ BATON ROUGE
- ◊ BAYOUS
- ◊ BOURBON STREET
- ◊ CAJUN
- ◊ CHOCTAW
- ◊ HARRY CONNICK, JR.

- ◊ CRAWFISH
- ◊ CREOLE
- ◊ FATS DOMINO
- ◊ FRENCH QUARTER
- ◊ GULF OF MEXICO
- ◊ GUMBO
- ◊ JAZZ MUSIC
- ◊ LAFAYETTE

- ◊ LAKE CHARLES
- ◊ NATCHEZ
- ◊ NEW ORLEANS
- ◊ PARISH
- ◊ SAINTS
- ◊ SHREVEPORT
- ◊ BRITNEY SPEARS
- ◊ TULANE UNIVERSITY

Beantown

```
S N A T I R U P R S N U H Y M
Y F C Z Y K D E S E A P O R T
B E A C O N K A M E E O W E R
L P M K D N A A R N B R R W E
Y L B A U H R O R F O H Y K V
Y K R B R K H K H E N T G G E
A B I S E T Z B T I Y N S H R
W R D T E A P A R T Y I A O E
N D G A T E L O C H W K C B
E R E M E R S O N C T C U E F
F A E P F I R N H H A N U L U
B V H L R L C E O B B A O T M
D R M O D E E R F P Y C R I W
P A G M P R N S E L R A H C E
B H L F S E F A N E U I L S V
```

◊ BACK BAY

◊ BEACON HILL

◊ BOSTON COMMONS

◊ BOSTON TEA PARTY

◊ BUNKER HILL

◊ CAMBRIDGE

◊ CELTICS

◊ CHARLES RIVER

◊ CHEERS

◊ SAMUEL COLE

◊ RALPH WALDO EMERSON

◊ FANEUIL HALL

◊ FENWAY PARK

◊ FREEDOM TRAIL

◊ HARVARD

◊ NATHANIEL HAWTHORNE

◊ NORTH END

◊ PURITANS

◊ QUINCY MARKET

◊ PAUL REVERE

◊ SEAPORT DISTRICT

◊ THE STAMP ACT

◊ HENRY DAVID THOREAU

◊ JOHN WINTHROP

G.O.A.T.s

```
H J N B A O H Z P C D F W K U
C W O R N T K S E L I B Y J C
A R R R U Z I K A Z M N D A O
B O A R D S K W A N A G A M N
M B A Z L A A P C R G N R E N
A I I Y D C N R B Z G I B S O
W N K R E P Z H P C I K A H R
F S P U E Y A N H M O I B S S
H O C H A M B E R L A I N L Z
U N N M I A L R Y W O S O B I
K F A L D R B A O V O U O M G
T Y T F K I I I P W I O N O H
S O J O H N S O N S E A D D G
N R E T T O N D E S W N F S N
S M A I L L I W R F G K S B K
```

◊ HANK AARON

◊ SIMONE BILES

◊ TOM BRADY

◊ WILT CHAMBERLAIN

◊ JIMMY CONNORS

◊ JOE DIMAGGIO

◊ SCOTT HAMILTON

◊ LEBRON JAMES

◊ BILLIE JEAN KING

◊ MICHELLE KWAN

◊ MAGIC JOHNSON

◊ MICHAEL JORDAN

◊ JOE LOUIS

◊ DAN MARINO

◊ WILLIE MAYS

◊ JESSE OWENS

◊ ARNOLD PALMER

◊ MARY LOU RETTON

◊ JACKIE ROBINSON

◊ BABE RUTH

◊ PETE SAMPRAS

◊ ABBY WAMBACH

◊ VENUS WILLIAMS

◊ TIGER WOODS

Classic American Cinema

```
A C C E B E R Y S R D V A T P
B M U S V V Y H U A E M O S H
F M I H I K T T N T U O B A I
D K R L B N K N S D F G S F L
R E B E L A G I E N S E F K A
W B R S R I R I T T V N D A D
N T K A I A O E N I H O C E E
V E B Y P U Z N L N V G C R L
U I M N M N O S A Z L I I B P
A C E O K Z A L V I E T S N H
R V N R W E I M T V R R U B I
G Z A T K V U E O S H E M C A
K Y K H F W I Z A R D V N M C
G F K F N L O H C Y S P L D F
A D P W O D N I W O Z G E V W
```

- ◇ ALL ABOUT EVE
- ◇ AN AMERICAN IN PARIS
- ◇ THE BEST YEARS OF OUR LIVES
- ◇ BREAKFAST AT TIFFANY'S
- ◇ CITIZEN KANE
- ◇ GONE WITH THE WIND
- ◇ HOW TO MARRY A MILLIONAIRE
- ◇ IT HAPPENED ONE NIGHT
- ◇ LAWRENCE OF ARABIA
- ◇ LITTLE WOMEN
- ◇ MEET ME IN ST. LOUIS
- ◇ NORTH BY NORTHWEST
- ◇ THE PHILADELPHIA STORY
- ◇ PSYCHO
- ◇ REAR WINDOW
- ◇ REBECCA
- ◇ REBEL WITHOUT A CAUSE
- ◇ ROMAN HOLIDAY
- ◇ SINGIN' IN THE RAIN
- ◇ SOME LIKE IT HOT
- ◇ THE SOUND OF MUSIC
- ◇ SUNSET BOULEVARD
- ◇ THE WIZARD OF OZ
- ◇ VERTIGO

Songs by Americans for America

```
D R B G G S E K B B K R H I T
V A Z S N E F R E O O A I N V
E G N H E K O S I A R I U W A
Z G B D W G C R D P L N I I W
K E G H Y D M S G V M D A C K
R D N I M A E R D I Z E R H E
O A R E D S L A N D A P U I S
W I M Y K B U S E V O E T T O
E L T E S C A R N R E N N A B
R B I V R M I A F I R D E C Z
I F F G A I N H I I K E V H T
F F L B H T C A C N N N H H H
R W A D H T W A I I M C R O E
Z L G E H A S P M Z I E M O S
A L M I H D D R I B E E R F M
```

◊ BLUE <u>HAWAII</u>

◊ <u>BORN</u> IN THE USA

◊ CALIFORNIA <u>DREAMIN'</u>

◊ <u>CHICKEN</u> FRIED

◊ <u>EMPIRE</u> STATE OF MIND

◊ <u>FIREWORK</u>

◊ <u>FREE BIRD</u>

◊ <u>HOME</u>

◊ <u>INDEPENDENCE</u> DAY

◊ KIDS IN <u>AMERICA</u>

◊ <u>LIGHTS</u>

◊ MIDNIGHT TRAIN TO <u>GEORGIA</u>

◊ <u>PINK</u> HOUSES

◊ <u>RAGGED</u> OLD FLAG

◊ STAR-SPANGLED <u>BANNER</u>

◊ <u>SURFIN'</u> USA

◊ SWEET HOME <u>ALABAMA</u>

◊ TAKE ME HOME, COUNTRY <u>ROADS</u>

◊ THIS LAND IS YOUR <u>LAND</u>

◊ <u>WICHITA</u> SKYLINE

◊ NATIONAL <u>ANTHEM</u>

◊ <u>VENTURA</u> HIGHWAY

◊ YOU'RE A GRAND OLD <u>FLAG</u>

◊ YANKEE DOODLE <u>DANDY</u>

SOLUTIONS

1

2

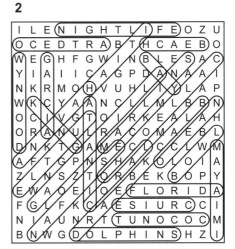

3

4

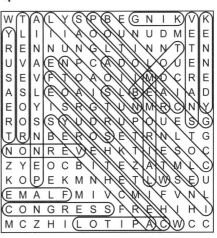

5

6

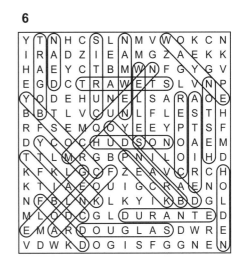

SOLUTIONS

7

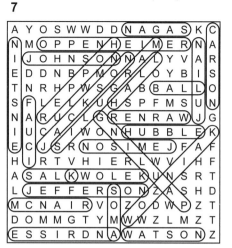

8

9

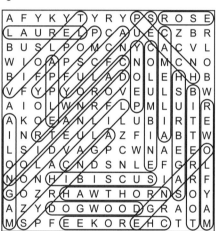

10

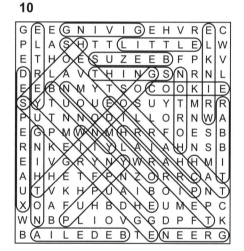

11

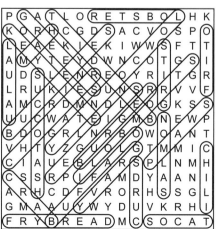

12

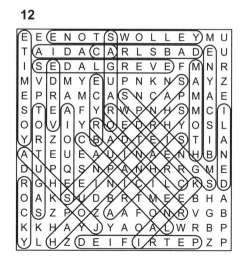

SOLUTIONS

13

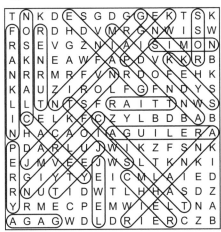

14

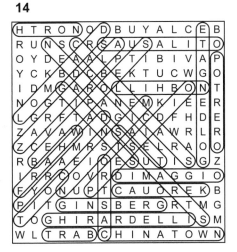

15

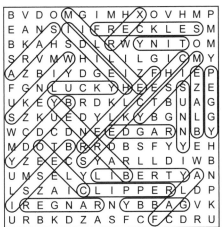

16

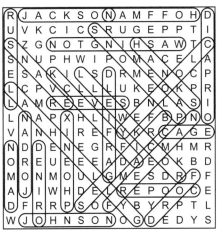

17

18

SOLUTIONS

19

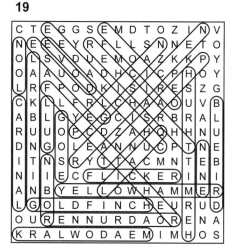

20

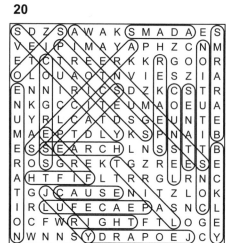

21

22

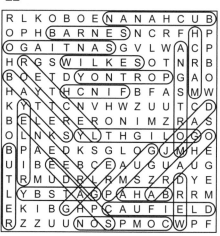

23

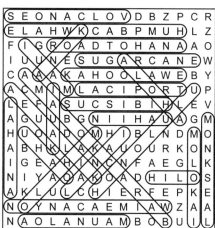

24

SOLUTIONS

25

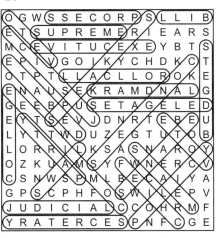
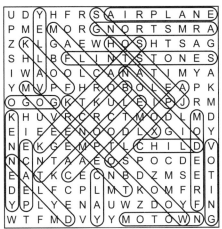

26

27

28

29

30

SOLUTIONS

31

32

33

34

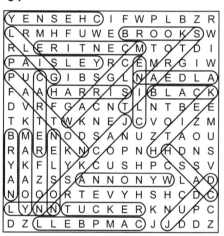

35

36

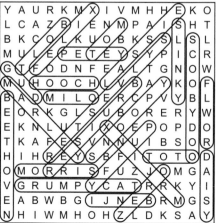

SOLUTIONS

37

38

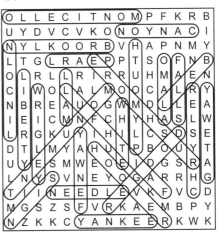

39

40

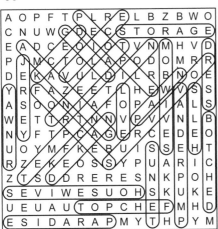

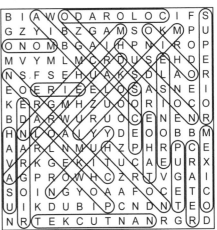

41

42

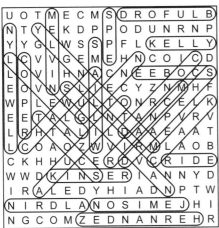

SOLUTIONS

43

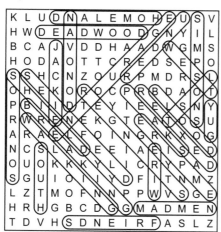

44

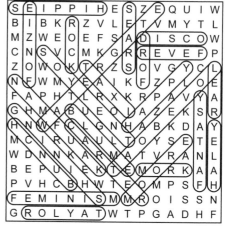

45

46

47

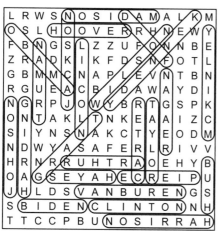

48

SOLUTIONS

49

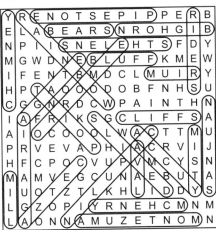

```
C A Z A L P M S N E E U Q L G
W A L D O R F O Y Y S E G I E
C Q O B N R Q U Y S D F K N W
E U K R G K E D E Z L Y I C A
N H O O E R A M L A A R U O L
T I C I G L I K T N P S E L L
R G N D R T L I K Y H O O N H
A H O A E Z R E T B Q Z L H F
L S R E Q E R F A E U T L O
Z I I F N S E N G E X M E F O
O E A B I G A P P L E C C B U
Y Y M L C W T E M U T C O A I
L E T C H E L S E A M M F R B
C L O I S T E R S I M M B G N
```

50

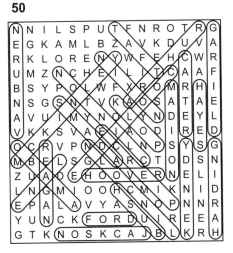

```
N N I L S P U T F N R O T R G
E G K A M L B Z A V K D U V A
R K L O R E N Y W F E H C W R
U M Z N C H E I L I T C A F
B S Y P O L W F X R O M R I I
N S G S N T V K A O S A T E E
A V U I M Y N O L Y N D R Y L
V K K S V A E I A O D I S S D
O C R V P N D C L N P S O G
M B E L S G L A R C T O O N
Z U A D E H O O V E R N E I
L N G M I O O H C M I K N E D
E P A L A V Y A S N O P N R
Y U N C K F O R D U I R E A
G T K N O S K C A J B L K R H
```

51

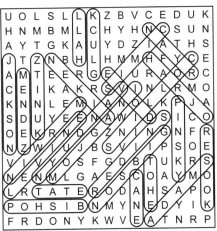

```
Y R E N O T S E P I P P E R B
E L A B E A R S N R O H G I B
N P I I S N E L E H T S F D Y
M G W D N E B L U F F K M E W
I F E N T B M D C L M U I R C
H P T A O O O D O B F N N H
C G G N R D C W P A I N T H N
I A F R I K S G C L I F F S A
A I O C O O O L W A C T T M U
P R V E V A P H I A C R V I J
H F C P O C V U P V M C Y S N
M I A M V E G C U N A E B U T A
I L U O T Z T L K H L I D D Y
L G Z O P I Y R N E H C M N M
L A O N N A M U Z E T N O M N
```

52

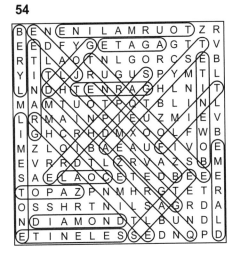

```
U O L S L L K Z B V C E D U K
H N M B M L C H Y H N C S U N
A Y T G K A U Y D Z I A T H S
J T Z N B H L H M M H F Y C E
A M T E E R G E I U R A O R
C E I K A K R S V I N L R M O
K N L E M A N O L K P J A
S D U E N A W I D S I C O
O K R N D G Z N N G N F O
N Z W U J B S V I I P K R S
V I V Y O S F G D B T U H R R
N E N M L G A E S C O A Y M O
L R T A T E R O D A H S A P
P O H S I B N M Y N E D Y I K
F R D O N Y K W V E A T N R P
```

53

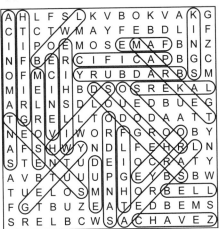

```
A H L F S L K V B O K V A K G
C T C T W M A Y F E B D L I F
I I P O E M O S E M A F B N Z
N F B E R C I F I C A P B G C
O F M C I Y R U B D A R B S M
M I E I H B D S O S R E K A L
A R L N S D L O U E D B U E G
T G R E L L T O D O D A A T T
N E O V I W O R F G R O O B Y
A S H W Y N D L F E H R L T Y
S T E N T U D E I O C R A T Y
A V B T U U U P G E Y B S B W
T U E L O S M N H O R B E L L
F G T B U Z E A T E D B E M S
S R E L B C W S A C H A V E Z
```

54

```
B E N E N I L A M R U O T Z R
E E D F Y G E T A G A G T T V
R R I L A O T N L G O R C S E
Y L T L J R U G U S P Y M T L
L A D H T E N R A G H L N I T
M A M T U O T P O T B L I N L
L R M A I N P I E U Z M I E
I G H C R H D M X O O L F W O
M Z L O I B A E A U F I V B
E V R R D T L Z R V A Z S B E
S A E L A O C E T E D B E E M
T O P A Z P N M H R G T E E R
O S S H R T N I L S A G R D A
N D I A M O N D T L B U N D L
E T I N E L E S S E D N Q P D
```

119

SOLUTIONS

55

```
X O S D E R Z E K V N S Z Y R
O V E R M O N T P G Y T G M I
R R V F E I C Y U R S H B A B
Y G S D A W S P U E E B A R B
H H O M W S T P M I S O M T O
A H A U G U S T A K P S H A N
R A S R T S L H L L D T E H S D
V M F R B U H Y C O O E U S R
R P B E E O V A N I F N R W O
R S E T N P B U R V W Y W C C N
D H A S S W T T G T C D S F N
D I R N B W S A M H O F C N R O
G R S O A P D Y A Z A O R A C
H E H L N F H S A A B A R C S
O T S T M W T W H C H W N D O
```

56

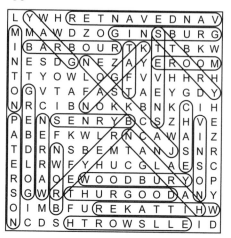

57

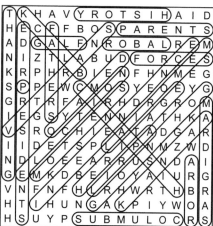

58

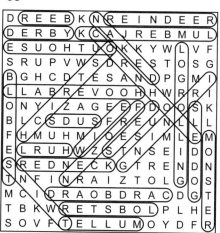

59

```
T W D R A L L A W A L L A W N
E S U Y A C R A R I K A R A A
W N I V S N U Y M X M L E Y C
Z O Z U Y Z N M K I L E O N I
Z K I N L R V A C I S N W G H
R L T E Y N Z M H B K Q A H O
C O W Z E C A A K A W U T O B
M G Z P B K N W M A I C J C C
O T O E T M O S I L K N O A B
D R F R H O A R I L U H V U S
O I Y C S F Y I E O A S L N E
C M M E R B F I D H U S L N E
E N N E Y E H C W U C X I Z F
N F S C A Y U R O K C R E E M
```

60

```
S E S Z N A T T A H N A M L F
S H E N T I P I N A C O L A D A I
R I O R A D N A M A R R F Y Y F
I U T B M T E Z V O Y C M E M C
T Y S D I O I C S I D G A K I B
T E H C F H A A H A O R C L L Y
L K S H I W V M R G T T I U E N
E S G L C S E T A N T N O R G
U I T O J U L E P R A I F N I
M H G B D A I Q U I R I R Y L
A W E N A C I R R U H E U G I
S R O O C H M A U M T N A N
U U T H A R P O O N K E H S G
K S N I L L O C S A Z E R A C
```

SOLUTIONS

61

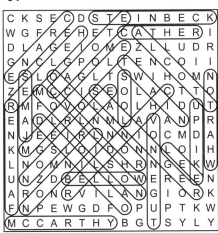

62

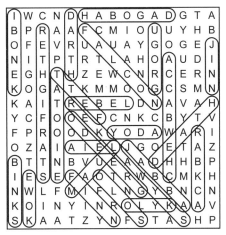

63

64

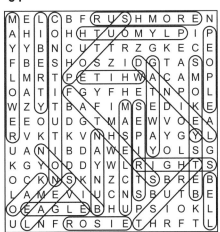

65

66

SOLUTIONS

67

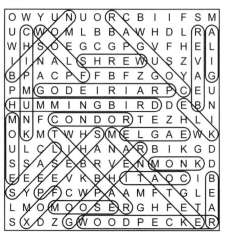

68

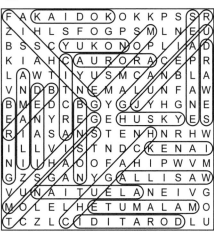

69

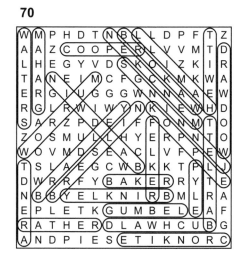

70

71

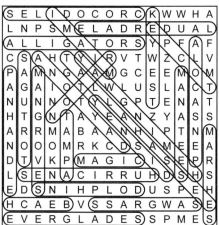

72

SOLUTIONS

73

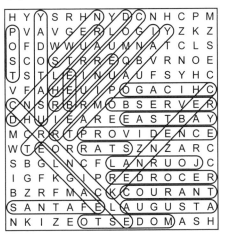

Grid 73:
```
W H S R A C T E E R T S C R G
A K C T Z C R E O L E B A N P
R K A N E G C R Z L W I Y H H
D O L S E N I L A R P R F Y I
M O C E R G K Y B K T K I M
M C N D R P F I O K L H P C I
A W H F O A Q U E J W P W R T
R G Y P K O R B A B I L C A N E
D U O Y A B V M O S P A J F C
I T S Y O R B C S Y L C J F C
G M M N D A I I O T M E U I S
R U Y Z L L S S B N R O N S H
A Y M A N S G P H Z G O N H R
S F Y B I J A C K S O N D C
Y A U M O G O V O I Y N A G E
```

74

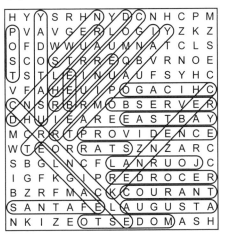

Grid 74:
```
H Y Y S R H N Y D C N H C P M
P V A V G E R L O G I Y Z K Z
O F D W W U A U M N A T C L S
S C O S T R R E Q B V R N O E
T S T L E I N U A U F S Y H C
V F A H E U I P O G A C I H C
C N S R B R M O B S E R V E R
D H U I E A R E E A S T B A Y
M C R R T P R O V I D E N C E
W T E O R R A T S Z N Z A R C
S B G L N C F L A N R U O J C
I G F K G I P R E D R O C E R
B Z R F M A C K C O U R A N T
S A N T A F E L A U G U S T A
N K I Z E O T S E D O M A S H
```

75

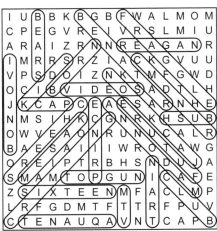

Grid 75:
```
I U B B K G B F W A L M O M
C P E G V R E I V R S L M I U
A R A I Z R N N R E A G A N
I M R R S R Z I A C K G V U U
V P S D O I Z N K T M F G W D
O C I B V I D E O S A D T L H
J K C A P C E A E S A R N H E
N M S I H K C G N R K H S U B
O W V E A O N R U N U C A L R
B A E S A I I W R O T A W G
O R E I P T R B H S N D U J A
S M A M T O P G U N I C A F E
Z S I X T E E N M F A C L M P
L R F G D M T F T T R F P U V
C T E N A U Q A V N T C A P B
```

76

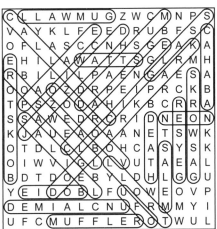

Grid 76:
```
C L L A W M U G Z W C M N P S
V A Y K L F E E D R U B F S C
O F L A S C C N H S G E A C H
E H I L A W A T T S G R M H
R B I L I L P A E N G A E S A B
O O A Q Z D R P E I P R C K B A
T P S Z O D A H I K B C R R A
S K O S A W E D R C R I D N E O N
K O T D L C L B O H C A S Y S K K
O O I W V I G L L V U T A E A L U
B D T D O E B Y L D H L G G U P
Y E I D O B L F U O W E O V P
D E M I A L C N U F R M M Y I
U F C M U F F L E R O T W U L
```

77

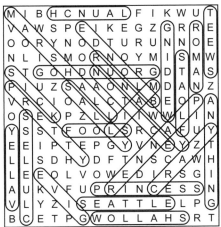

Grid 77:
```
M I B H C N U A L F I K W U T
V A W S P E I K E G Z G R R E
O O R Y N O D T U R U N N O E
N L I S M O R N O Y M I S M W
S T G O H D N U O R G I S T Z
P I U Z S A A O N I M D A N Z
V R C I O A L C T A B E O P A
O S E K P Z L I I W W L L N Y
Y S S T F O O L S R C A F U Y
E E I P T E P G Y V N E Y Z T
L L S D H Y D F T N S C A W G
L E O L V O W E D I R S G I
A U K V F U P R I N C E S S
V L Y Z I S E A T T L E L P G
B C E T P G W O L L A H S R T
```

78

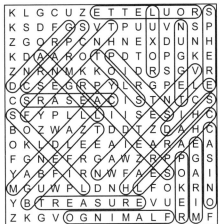

Grid 78:
```
K L G C U Z E T T E L U O R S
K S D F G S V T P U U V N S P H
Z G O R P C N H E X D U N K E
K D A A R O T P D T O P G K R
Z N R N M K K O I D R S G V E
D C S E G R P Y L R G P E L E
C S R A S E A C I S T N T C S
S E Y P L L L I I S E S I H C
B O Z W A Z T D D T Z D A H C
O K L D L E E A I E A R A E A
F G N E F R G A W Z R P P S I
Y A B F I R N W F A E S O A N
M G U W P L D N H L F O K O
Y B T R E A S U R E V U E I
Z K G V O G N I M A L F R M F
```

SOLUTIONS

79

80

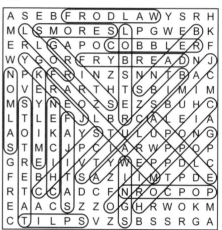

81

82

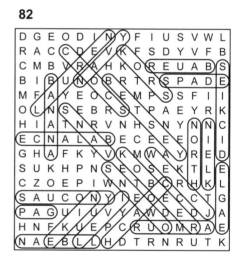

83

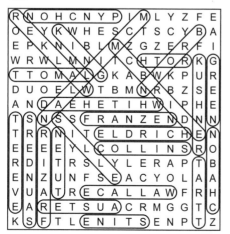

84

SOLUTIONS

85

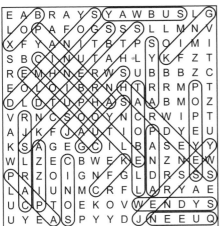

86

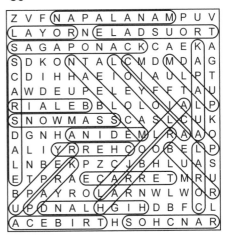

87

88

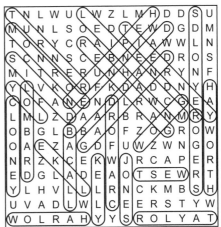

89

90

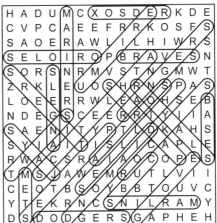

91

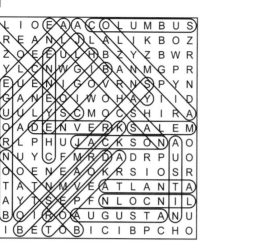

92

93

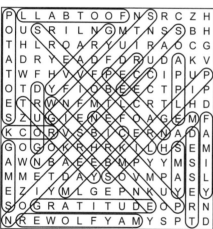

94

95

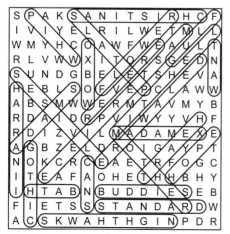

96

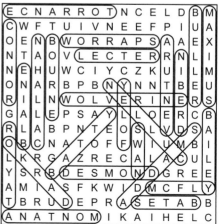

SOLUTIONS

97

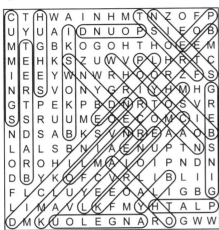

98

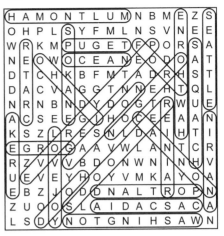

99

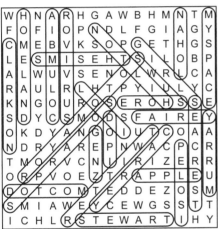

100

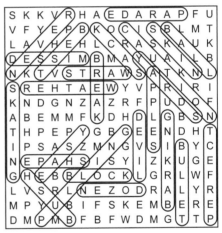

101

102

SOLUTIONS

103

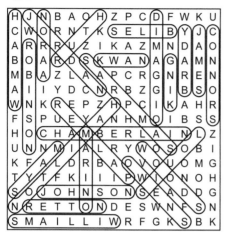

104

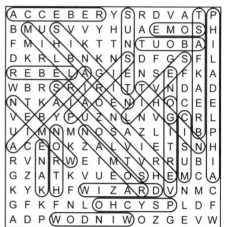

105

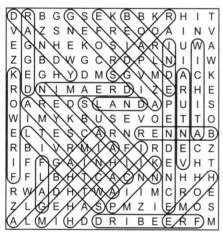